Prof. Dr. Wolfgang Schwenke
Ameisen · Der duftgelenkte Staat

Prof. Dr. Wolfgang Schwenke

Ameisen
Der duftgelenkte Staat

 **Landbuch**

Fotos: Alle Fotos vom Verfasser
Zeichnungen: K. Wilhelm, München

Landbuch-Verlag GmbH, Hannover, 1996 (2. Auflage)

Alle deutschen Rechte vorbehalten. Reproduktionen: Speicherung in Datenverarbeitungsanlagen, Wiedergabe auf elektronischen, fotomechanischen oder ähnlichen Wegen, Funk und Vortrag – auch auszugsweise – nur mit Genehmigung des Verlages.

Lektorat: Dr. Helge Mücke, Kalkriese
Farblithos: Repro-Dukt GmbH, Hannover
Satz: Druck und buchbinderische Verarbeitung:
Landbuch-Verlag GmbH, Hannover

ISBN 3 7842 0309 4

Inhalt

Vorwort 7

1. *Zehntausend Arten in der Welt, einhundert bei uns*
   Etwas Allgemeines über Ameisen 8

2. *Die einen stechen, die anderen beißen*
   Körpermerkmale und
   Verwandtschaftsgruppen 11

3. *Das Geheimnis des Königin-Gelees*
   Die Ameisenkasten und ihre Entstehung . 16

4. *Die Pförtnerin mit dem platten Gesicht*
   Nester der Ameisen 24

5. *Beruf: Wärmeträgerin*
   Arbeitsteilung im Ameisenstaat 39

6. *Viehzucht auf Bäumen*
   Ernährung des Ameisenvolkes 51

7. *Hochzeit in den Wolken*
   Das Ameisenleben im Jahresverlauf 63

8. *Königsmord*
   Gründung des Ameisenstaates 71

9. *Der Sklavenraub der Amazonen*
   Dauernder Sozialparasitismus 81

10. *Die Rote Waldameise ist rotblind*
    Sinnesorgane,
    Gedächtnis und Orientierung 91

11. *Zu Tode gestreckt*
     Verteidigung und Angriff 100
12. *Duftige und schmackhafte Informationen*
     Organisation des Ameisenstaates 106
13. *Das drogensüchtige Volk*
     Mitbewohner im Ameisenstaat 111
14. *Die Drossel nimmt ein Ameisenbad*
     Von außen wirkende Feinde der Ameisen . 125
15. *Sag' mir, wo die Blumen sind!*
     Die Rolle der Ameisen im Naturhaushalt . 135
16. *Die Ameise des Pharao*
     Über Nutzen und Schaden der Ameisen . . 139
17. *Ist die Ameise ein Minimensch?*
     Vergleich zwischen Ameise und Mensch . . 147
    Übersicht der einheimischen Ameisengruppen
    und -arten 153

Vorwort

Wir begegnen ihnen beinahe auf Schritt und Tritt, in Wäldern und auf Feldern, in Gärten und auch in unseren Häusern – den Ameisen. Jeder kennt sie. Aber sind sie wirklich bekannt? Wer weiß etwas von ihrem geheimnisvollen Staatenleben, ihrer Sklavenhaltung oder Viehzucht? Wer kennt ihre Rolle in der Natur und ihre Beziehungen zu uns Menschen?
All jenen Fragen will dieses Buch nachgehen. Es möchte einen Einblick in das Leben einer Tiergruppe geben, über die in jüngster Zeit erstaunliche, ja teilweise fast unglaubliche Forschungsergebnisse gewonnen wurden. Dabei soll trotz allem Interessanten, das die Lebensweise der Ameisen in den warmen Ländern bietet, unsere Betrachtung auf die einheimischen Ameisenarten beschränkt bleiben, deren Leben nicht weniger interessant ist und die uns am nächsten stehen.
Natürlich kann in diesem Rahmen nur ein erster Einstieg in die Ameisenkunde vermittelt werden. Bereits ERASMUS EBNERUS schrieb 1550:
„Wenn ich die ganze Geschichte der Ameisen berichten wollte, dann könnte die Erzählung freilich länger werden als die Ilias" – länger also als das 24bändige Gedichtwerk des Griechen HOMER (im 8. Jahrhundert vor Christus), das vom Trojanischen Krieg handelt. Wieviel mehr aber ist heute über die Ameisen bekannt als um 1550!

1. Zehntausend Arten in der Welt, einhundert bei uns

Etwas Allgemeines über Ameisen

Ameisen gehören zu der fast unüberschaubar großen Gruppe der Insekten, die mit ihrer Artzahl alle anderen Tiergruppen zusammen um ein Vielfaches übertrifft. Während man zum Beispiel weltweit rund 8 500 Vogelarten und 5 500 Säugetierarten kennt, wurden bisher mehr als 1 Million Insektenarten beschrieben. Etwa 10 000 davon sind Ameisen, von denen reichlich 100 Arten bei uns in Mitteleuropa vertreten sind. Das heißt also: nur etwa 1 % der Insektenarten sind Ameisen, und nur wiederum 1 % der Ameisenarten kommen bei uns vor, denn ihr Hauptwohngebiet sind die Tropen.

Von dieser geringen Zahl sollten wir uns jedoch nicht täuschen lassen. In der Natur kommt es weniger auf die Zahl der Tierarten an als vielmehr auf die Zahl der Tiere selbst, der Individuen. Und in dieser Hinsicht stehen die Ameisen ganz oben, denn sie scheinen beinahe allgegenwärtig zu sein. Das liegt daran, daß es nicht nur außerordentlich viele Ameisennester gibt, sondern in jedem dieser Nester auch noch Tausende, ja oft Millionen von Ameisen leben. Alle Ameisenarten sind staatenbildend. Diese Lebensform teilen sie mit einigen Wespenarten (zu denen auch die Hornisse zählt) und Bienenarten (einschließlich Hummeln) sowie mit den Termiten der warmen Länder. Wespen und Bienen gibt es aber bei uns weitaus weniger als Ameisen. Auf einen Wespen- oder Bienenstaat kommen sicherlich Tausende Ameisenstaaten.

Das Zusammenleben in Staaten findet man außer bei uns Menschen nur noch bei den genannten staatenbildenden Insekten. Das ist höchst erstaunlich, denn man hätte eine so hoch entwickelte Lebensform bestenfalls bei den Säugetieren, vor allem den Affen, vermutet. Diese bilden jedoch keine Staaten. Es ist viel über die Gemeinsamkeiten und Unterschiede zwischen den Menschen- und Insektenstaaten nachgedacht worden. Näheres darüber erfahren wir im Kapitel 17. Hier soll nur kurz die Frage beantwortet werden: wie kommen wir eigentlich dazu, ein Wespen- oder Ameisennest als einen „Staat" zu bezeichnen?

Drei Mindestbedingungen müssen erfüllt sein, damit das Zusammenleben von Organismen ein „staatliches" ist: die Arbeitsteilung, also Gliederung in Berufe; die Einschränkung der Freiheit des Einzelnen zugunsten des Gemeinwohles; und eine zentrale Leitung, die das staatliche Leben reguliert.

Diese drei grundlegenden Bedingungen erfüllt jede unserer staatenbildenden Insektengruppen auf ihre Weise. Die Ameisen haben dabei als einzige Gruppe ein Leben „zu Fuß" gewählt. Geflügelte Tiere treten bei ihnen nur kurze Zeit im Jahr während der Fortpflanzungsperiode auf. Die große Masse des Volkes ist lebenslang flügellos.

Eine weitere Besonderheit betrifft das Nest. Es besteht bei den Ameisen nicht aus Wachszellen wie bei den

Bienen oder aus Papierzellen wie bei den Wespen, sondern aus Hohlräumen im Erdboden, in Holz oder anderem Material. Das hat den Vorteil, das die Ameisenbrut ebenso wie das ganze Volk beweglich und ungebunden ist. Die Brut wird von den Brutpflegerinnen immer dorthin getragen, wo gerade die günstigste Temperatur und Feuchtigkeit herrschen. Aber auch das ganze Nest kann einfach aufgegeben werden, wenn es dem Volk an einer Stelle nicht mehr gefällt, zum Beispiel wenn dort die Nahrung knapp wird.
Ihre große Beweglichkeit und Anpassung an die jeweilige Umwelt haben die Ameisen zur erfolgreichsten Gruppe aller Insekten gemacht. Von den tropischen Urwäldern bis zum Polarkreis und vom Hochgebirge bis in die Wüsten herrscht reges Ameisenleben.
Auch in früheren Erdepochen, lange bevor es Menschen gab, waren die Ameisen schon recht zahlreich. Sie gehören zu den häufigsten Insekten im Bernstein, jenem vor etwa 40 Millionen Jahren in der Tertiärzeit erstarrten goldgelben Baumharz, das heute als Schmuck so begehrt ist. Bereits der römische Dichter MARTIAL (um 70 nach Christus) schrieb hierüber den netten Vers:

„Unter dem Dache harztriefender Bäume
[ergeht sich die Ameise.
Siehe, ein Tropfen begräbt plötzlich
[das zierliche Tier.
Also geschah's, daß sie, die im Leben gering
[und verachtet,
sich den köstlichsten Wert nun durch
[ihr Grabmal errang."

Und schließlich noch eines: Eine Königin der Schwarzbraunen Wegameise *Lasius niger* lebte länger als 28 Jahre in einem künstlichen Ameisennest, einem sogenannten Formicarium. Fast 30 Jahre für ein Insekt, das ist eine schier unglaubliche, im ganzen Insektenreich nicht wieder vorkommende Lebensdauer!

2. Die einen stechen, die anderen beißen

Körpermerkmale und Verwandtschaftsgruppen

Es wurde erwähnt, daß die Ameisen zu den Insekten gehören. Dieser Name kommt aus dem Lateinischen – „insectus" = eingeschnitten – und weist ebenso wie der deutsche Name „Kerbtiere" darauf hin, daß der Körper in eine Anzahl ringförmiger Abschnitte (Segmente) gegliedert ist. Diese treten zu drei großen Körperteilen (Kopf, Brust und Hinterleib) zusammen (Abb. 1).
Während der Kopf aus mehreren Körperringen nahtlos verschmolzen ist, sind die drei Brustringe deutlich unterscheidbar. Man bezeichnet sie als Vorder-, Mittel- und Hinterbrust. Jeder der drei Brustabschnitte trägt ein Beinpaar. Daher heißen die Insekten auch „Sechsbeiner" (griechisch „Hexapoda"). Sie unterscheiden sich damit zum Beispiel von den Spinnen, die 8 Beine

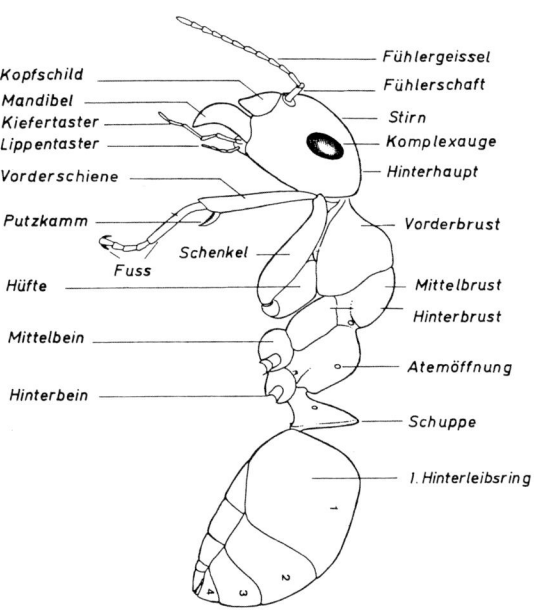

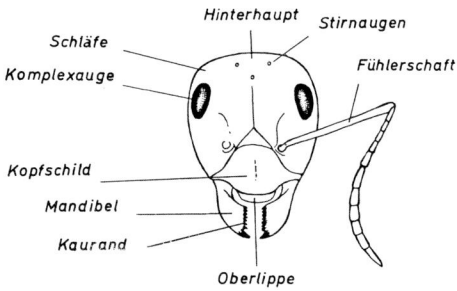

Abb. 1 Körperbau einer Ameise

besitzen und nicht zu den Insekten gehören. In der Regel sitzt bei den Insekten an der Mittel- und Hinterbrust noch je ein Flügelpaar. Doch ist abweichend davon, wie erwähnt, der größte Teil des Ameisenvolkes flügellos.

Der Hinterleib der Ameisen ist aus 4 oder 5 Körperringen zusammengesetzt und mit der Brust durch eine stielförmige Brücke verbunden (Abb. 1). Dieser „Stiel" ist, wie wir gleich sehen werden, für die verwandtschaftliche Gruppierung der Ameisen wichtig. Im Innern des Hinterleibes liegen die meisten Organe. Unter ihnen interessiert besonders der Stachelapparat, den nur die Weibchen besitzen. Bei einem Teil der Ameisen funktioniert er in Verbindung mit einer Giftdrüse als Giftstachel. Das sind die stechenden Ameisen, deren Stich kleinere Beutetiere tötet und für den Menschen recht schmerzhaft sein kann. Bei den anderen ist der Stachel zurückgebildet, es sind die beißenden Ameisen. Sie gebrauchen als Angriffs- oder Verteidigungswaffe ihre scharfen Kieferzangen (Mandibeln), meist in Verbindung mit der Giftdrüse, die ihnen erhalten blieb: Zuerst beißen sie dem Gegner eine Wunde, dann biegen sie ihre Hinterleibsspitze nach vorn und spritzen Gift hinein.

Wenn wir nun innerhalb der Familie Ameisen (Formicidae) natürliche Verwandtschaftsgruppen unterscheiden wollen, können wir den Unterschied stechend/beißend nicht zugrundelegen, wohl aber die Gestalt des Stiels, also der schmalen Verbindung zwischen Brust und Hinterleib. Bei den meisten einheimischen Ameisen besteht der Stiel aus einem Glied. Unter ihnen können wir 3 große Gruppen (Unterfamilien) unterscheiden: die Urameisen, Ponerinae, deren Hinterleib eine auffällige Einbuchtung zwischen dem 1. und 2. Segment aufweist (Abb. 2A); die Drüsenameisen, Dolichoderinae, die einen viergliedrigen Hinterleib haben (Abb. 2B); sowie die Schuppenameisen, die einen fünfgliedrigen Hinterleib besitzen (Abb. 2C). Diesen 3 Unterfamilien stehen als 4. Unterfamilie die Knotenameisen, Myrmicinae, gegenüber, deren Stiel aus 2 Gliedern besteht (Abb. 2D). Die knotenförmige Gestalt dieser beiden Stielglieder hat der Unterfamilie den Namen gegeben. Von den so gekennzeichneten 4 Unterfamilien sind die Ur- und die Knotenameisen stechend, die Drüsen- und die Schuppenameisen beißend. Die Abb. 2 zeigt von allen 4 Unterfamilien je eine Arbeiterin im Umriß.

Aus der folgenden Zusammenstellung geht hervor, mit wie vielen Gattungen und Arten die 4 Ameisen-Unterfamilien in Mitteleuropa vertreten sind.

Familie Ameisen, Formicidae

1. Unterfamilie: Urameisen, Ponerinae
   2 Gattungen mit   2 Arten
2. Unterfamilie: Drüsenameisen, Dolichoderinae
   3 Gattungen mit   4 Arten
3. Unterfamilie: Schuppenameisen, Formicinae
   6 Gattungen mit 52 Arten
4. Unterfamile: Knotenameisen, Myrmicinae
   19 Gattungen mit 47 Arten

   30 Gattungen mit 105 Arten

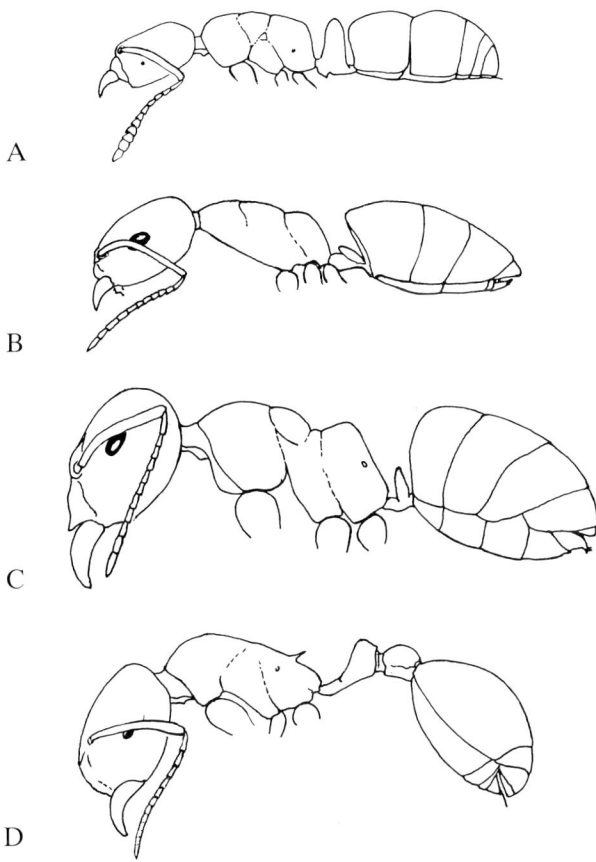

Abb. 2 Umriß je einer Arbeiterin der 4 Ameisen-Unterfamilien. A Urameisen (Ponerinae), B Drüsenameisen (Dolichoderinae), C Schuppenameisen (Formicinae), D Knotenameisen (Myrmicinae)

Wie aus dieser Übersicht hervorgeht, sind die Urameisen eine sehr kleine Unterfamilie mit nur 2 einheimischen Arten. Der Name weist auf ihre noch urtümliche Form des Staatenlebens hin. Auch die Drüsenameisen bilden eine recht kleine Unterfamilie mit nur 4 bei uns vertretenen Arten. Sie heißen nach einer besonderen Giftdrüse, die bei ihnen neu entstand, während die ursprüngliche zurückgebildet wurde. Ihr Gift besitzt im Gegensatz zu jenem der anderen Ameisen einen aromatischen Geruch. Zu der artenreichsten Unterfamilie der Schuppenameisen, die ihren Namen nach einer aufrechten Schuppe am Stielglied (Abb. 2C) erhielten, gehören auch unsere bekannten Roten Waldameisen. Die Unterfamilie der Knotenameisen schließlich ist in besonders viele Gattungen aufgesplittert. Daher zeigt sie auch die vielfältigsten Formen der Lebensweise.

3. Das Geheimnis des Königin-Gelees

Die Ameisenkasten und ihre Entstehung

Wir Menschen lieben es, alle Naturdinge durch unsere vermenschlichende Brille zu betrachten. So wurde denn auch sogleich, nachdem die Staatenbildung der Ameisen erkannt war, gefragt, welcher menschlichen Staatsform die Ameisenstaaten entsprechen, und man fand, daß es das Königreich, die Monarchie, ist. Allerdings war man erstaunt zu sehen, daß es bei Ameisen niemals Könige, sondern nur Königinnen gibt. Und das Erstaunen wuchs, als man erkannte, daß die Königin, die meist durch besondere Größe aus ihrem Volk herausragt, zugleich die „Staatsmutter" ist, denn alle Untertanen sind ihre Kinder, und alle diese Kinder sind während des größten Teils des Jahres Töchter. Man gab diesen den Namen „Arbeiterinnen", weil sie, wie leicht zu sehen ist, sämtliche Arbeiten im Staat verrichten. An der Vermehrung des Volkes können sie sich nicht beteiligen, denn sie sind unfruchtbar.

Doch ganz ohne Männer geht es auch bei den Ameisen nicht. Zu einem bestimmten Zeitpunkt im Jahr, zumeist im Frühling, tauchen männliche Tiere, also Söhne der Königin, auf. Sie sind geflügelt und gleichen größenmäßig ihrer Mutter. Zugleich mit ihnen erscheinen im Nest auch große, geflügelte und fruchtbare Töchter. In menschlichen Königreichen würde man sie „Prinzessinnen" und ihre Brüder „Prinzen" nennen. Doch haben sich in der Ameisenkunde diese Namen nicht eingebürgert, sondern man spricht hier von „jungen Königinnen" sowie von „Männchen". Beide geflügelte Geschlechtsformen verlassen alsbald das Nest und erheben sich zum Hochzeitsflug, bei dem je ein Männchen eine junge Königin begattet. Diesen für das Ameisenvolk besonders wichtigen Vorgang werden wir an anderer Stelle noch genauer betrachten. Mit der Begattung der jungen Königinnen haben die Männchen ihr Lebensziel bereits erreicht und sterben. Die befruchteten Jungköniginnen aber gründen, nachdem sie ihre Flügel abgeworfen haben, neue Staaten.

Es gibt somit im Ameisenstaat drei Gruppen von Ameisen, die sich körperlich und, wie wir sehen werden, auch geistig unterscheiden: große fruchtbare Weibchen, die Königinnen, kleine unfruchtbare Weibchen, die Arbeiterinnen, und – für eine kurze Zeit – Männchen. Man hat diese Gruppen nach einem heute noch für indische Gesellschaftsgruppen gebräuchlichen Namen als „Kasten" bezeichnet. In Abb. 3 sind die 3 Ameisenkasten am Beispiel der Kleinen Roten Waldameise dargestellt.

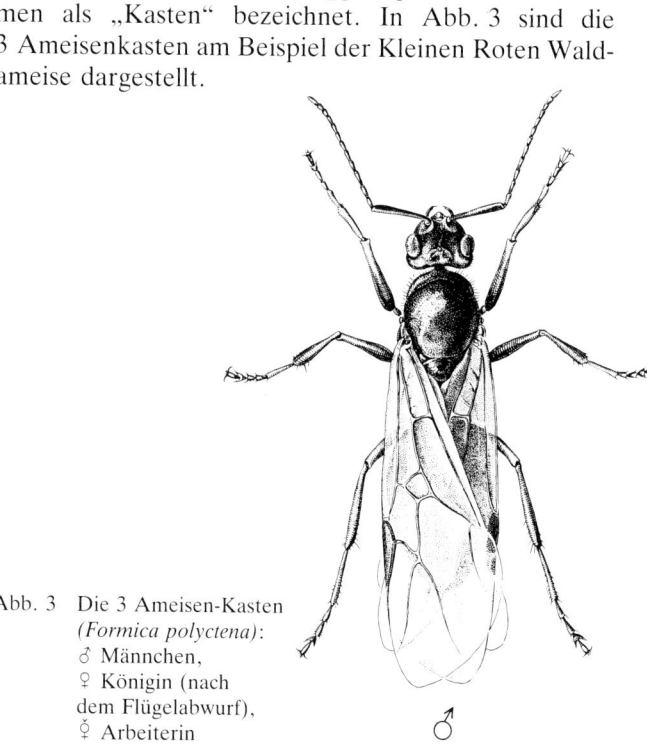

Abb. 3 Die 3 Ameisen-Kasten
(*Formica polyctena*):
♂ Männchen,
♀ Königin (nach
dem Flügelabwurf),
☿ Arbeiterin

Alle 3 Kasten gehen aus völlig gleich aussehenden Eiern der Königin hervor. Wie ist das möglich? Soeben wurde der Hochzeitsflug erwähnt. Bei dieser Vereinigung der beiden Geschlechter empfängt die junge Königin vom Männchen viele Millionen Samenzellen, die sie in einem Vorratsbehälter, der Samenblase, aufbewahrt. Der Vorrat ist deshalb so groß, weil er für das ganze Leben der Königin ausreichen muß, und das können mehr als 20 Jahre sein. Sobald der Staat gegründet ist und die Königin Eier ablegt, kann sie nun

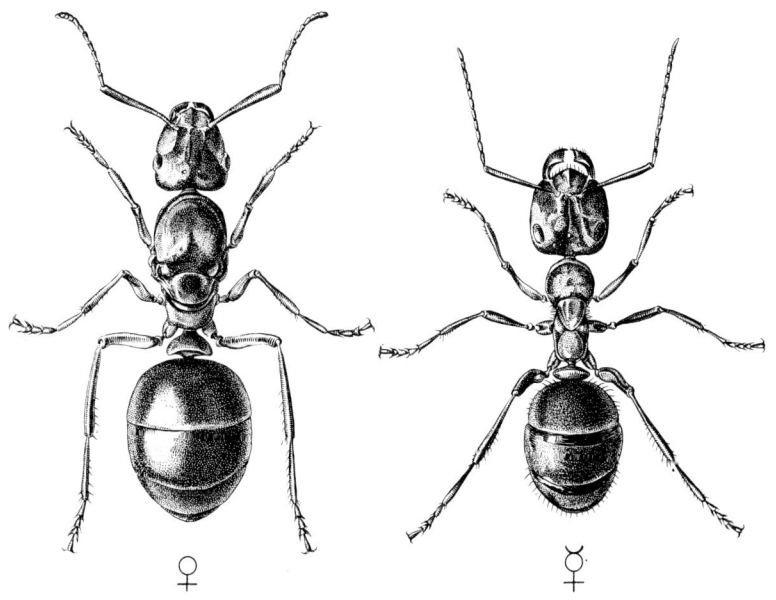

entscheiden, ob aus einem Ei, das ihren Körper verläßt, eine weibliche oder männliche Larve hervorgeht. Ihre Samenblase steht mit einer durch Muskeldruck betätigten Spritze in Verbindung, die in den Eileiter mündet. In dem Augenblick, da ein Ei auf seinem Weg durch den Eileiter an der Mündung der Samenspritze vorbeigleitet, kann die Königin entweder die Spritze betätigen und einige Samenzellen auf das Ei spritzen, oder sie kann dies unterlassen. Im ersten Fall dringt ein Samenfaden in das Ei ein und befruchtet es. Aus jedem befruchteten Ei schlüpft eine weibliche Larve. Verläßt das Ei dagegen den Körper der Königin unbefruchtet, wird eine männliche Larve daraus.

So hat es die Königin gewissermaßen in der Hand, darüber zu entscheiden, ob aus dem Ei eine weibliche oder eine männliche Ameise wird. Es ist eine der vielen wunderbaren Tatsachen im Leben der Ameisen, daß diese Entscheidung stets zum richtigen Zeitpunkt und im notwendigen Umfang, ganz wie es das Wohl des Staates erfordert, von der Königin getroffen wird. Wir kommen hierauf noch zurück.

Doch es gibt selten eine Regel ohne Ausnahme. Bei unserer Kleinen Roten Waldameise wurde entdeckt, daß manchmal nicht die Königin das Geschlecht ihrer Nachkommen bestimmt, sondern die im Nest herrschende Temperatur. Es war aufgefallen, daß im Frühjahr, wenn bei dieser Ameise die geflügelten Formen entstehen, auf der Nestoberfläche zuweilen nur männliche Geschlechtstiere zu sehen sind und die weiblichen, also die jungen Königinnen, fehlen. Des Rätsels Lösung wurde darin gefunden, daß diese Nester noch klein waren oder an kühlen schattigen Stellen lagen. In beiden Fällen ist es zu dieser frühen Jahreszeit im Innern des Nestes noch recht kühl. Bei Temperaturen unter 20° Celsius aber funktioniert, wie man fand, die Samenspritze der Königin noch nicht. Sie kommt erst bei etwa 20° in Gang. Dagegen ist die Eiablage selbst durch tiefere Temperaturen nicht behindert. Das heißt: in solchen kühlen Nestern beginnt die Eiablage, ehe die Samenspritze funktioniert, wodurch die Eier den Körper der Königin unbefruchtet verlassen und nur männliche Ameisen ergeben.

Auf welche Weise männliche und weibliche Ameisen entstehen, wäre also geklärt: unbefruchtete Eier werden zu Männchen, befruchtete zu Weibchen. Wie aber kommen die zwei verschiedenen weiblichen Kasten, Arbeiterinnen und Königinnen, zustande, da doch beide aus befruchteten Eiern hervorgehen? Diese Frage hatte bereits einige Jahrzehnte vor den Ameisenforschern die Bienenzüchter beschäftigt. Denn auch im Bienenstaat entstehen aus unbefruchteten Eiern Männchen (Drohnen) und aus befruchteten Eiern Arbeiterinnen oder Königinnen. Die Imker fanden heraus, daß es die Brutpflegerinnen sind, die mit Hilfe unterschiedlicher Fütterung darüber entscheiden, ob weibliche Larven zu Arbeiterinnen oder zu Königinnen werden. Wenn sie nämlich Nahrung aus ihrem Kropf füttern, wachsen Arbeiterinnen heran, nehmen sie dagegen Futtersaft aus einer besonderen Drüse, entstehen Königinnen. Man nennt diesen besonderen Drüsensaft daher „Königin-Gelee".

Bei einem Teil der Ameisen wurden Parallelen zur Honigbiene gefunden, beim anderen Teil dagegen nicht. Auf jeden Fall ist der Vorgang der weiblichen Kastenbestimmung bei Ameisen, soweit man ihn überhaupt schon kennt, erheblich komplizierter als bei der Biene. Im folgenden sollen die Verhältnisse bei einer Schuppenameise, *Formica polyctena*, und einer Knotenameise, *Manica rubida*, betrachtet werden. Es scheint, daß diese beiden Arten die zwei Haupttypen der weiblichen Kastenbestimmung bei den Ameisen repräsentieren.

Unsere Kleine Rote Waldameise *Formica polyctena* stimmt mit der Honigbiene insoweit überein, als auch bei ihr die Art der Larvennahrung (ob Kropfinhalt oder Königin-Gelee) eine wichtige Rolle bei der Entstehung der beiden weiblichen Kasten spielt. Jedoch müssen – anders als bei der Biene – zwei weitere Bedingungen erfüllt sein, wenn Jungköniginnen entstehen sollen: die Entfernung der alten Königin von den Junglarven sowie ein besonderer Eityp.

Wenn die Königin nach der Winterruhe die Tiefen des Waldbodens verläßt und wieder mit der Eiablage beginnt, tut sie das zunächst oben in der Nestkuppel, wo es zu dieser Zeit am wärmsten ist. Schon etwa eine Woche später geht sie dann tiefer ins Nestinnere und entfernt sich damit von den zuerst abgelegten Eiern. Diese „Abwesenheit" der Königin ist notwendig, damit aus den ersten Eiern junge Königinnen entstehen können. Hält man nämlich die Königin in einem kleinen Käfig in der Nähe ihrer ersten Eier fest, entwickeln sich daraus nur Arbeiterinnen. Man kann das damit erklären, daß von der Königin ein Duftstrom ausgeht, der die in der Nähe befindlichen Brutpflegerinnen veranläßt, die Larven mit Kropfnahrung zu füttern, wodurch Arbeiterinnen entstehen. Dagegen werden bei einer weiter entfernten Königin die Brutpflegerinnen von diesem Duft nicht erreicht, was sie veranlaßt, die Larven mit Königin-Gelee zu füttern. Aber auch die Erstlingseier selbst besitzen besondere Eigenschaften, die zur Entstehung von Königinnen notwendig sind: sie sind größer als die später abgelegten Eier und enthalten ein besonderes Eiweiß (Polplasma). Somit nimmt auch der Eityp Einfluß auf die Kastenbildung.

Nach alledem ist die Entstehung von jungen Königinnen bei der Roten Waldameise dreifach abgesichert: durch den Eityp, die Abwesenheit der Königin von den Junglarven – sowie die Larvenfütterung mit Königin-Gelee.

Bei der Knotenameise *Manica (Myrmica) rubida* gibt es keine Larvenfütterung mit Königin-Gelee. Die Entstehung von Königinnen beruht hier im wesentlichen auf vier Faktoren, von denen zwei dieselben sind wie bei der Roten Waldameise: „Eityp" (große Erstlingseier mit Polplasma) und „Abwesenheit der Königin". Die beiden anderen Bedingungen bestehen darin, daß die Larven überwintern müssen und nach der Überwinterung von den Brutpflegerinnen „ausgelesen" werden. Nun ist allerdings bei Ameisen die Überwinterung von Larven normalerweise nicht möglich, da die Larvenentwicklung sehr rasch verläuft und die Königin niemals so spät im Jahr Eier ablegt, daß aus ihnen nicht noch vor der Überwinterung fertige Ameisen hervorgehen könnten. Um überwinternde Larven zu bekommen, wenden die Brutpflegerinnen daher einen Trick an: sie füttern einen Teil der Larven mit einer besonderen Nahrung, die die Entwicklung verzögert. Dadurch wachsen die Larven so langsam, daß sie sich vor dem Winter nicht mehr verpuppen können. Als letzte Bedingung findet schließlich im Frühjahr unter den überwinterten Larven eine Auslese statt. Entsprechend den Bedürfnissen des Staates (s. Kap. 12) wählen die Brutpflegerinnen einen mehr oder weniger großen Anteil der Larven aus, der zu Königinnen werden soll. Diesen Teil füttern sie normal weiter. Die anderen Larven lassen sie dagegen hungern oder zwicken sie sogar mit ihren Mandibeln, bis sie sich vorzeitig verpuppen und damit zu Arbeiterinnen werden.

Man kann nur staunen über die komplizierten, drei- und vierfachen Absicherungen, welche die Ameisen in die Entwicklung ihrer Königinnen eingeschaltet haben. Sie sind jedoch schon deshalb verständlich, weil die Königinnen-Aufzucht besonders hochwertige Nahrung erfordert, mit der so sparsam wie möglich umgegangen werden muß.

4. Die Pförtnerin mit dem platten Gesicht

Nester der Ameisen

Während bei unseren anderen staatenbildenden Insekten die Nester stets gleichförmig aus Zellen aufgebaut sind, die bei Wespen und Hornissen aus einer papierähnlichen Masse, bei Hummeln und Bienen aus Wachs bestehen, weisen die Ameisennester eine fast unerschöpfliche Mannigfaltigkeit auf. Nur ganz wenige einheimische Ameisenarten verwenden dabei ein künstliches Material (siehe Kartonnester). Alle anderen wohnen in Höhlen, die sie entweder vorfinden oder aus natürlichen Materialien herausarbeiten. So findet man sie im Erdboden, in Holz oder Mulm, unter Steinen, Rinden und Flechten, zwischen Fels- und Mauerspalten, in hohlen Pflanzenstengeln, Galläpfeln oder sogar in leeren Schneckenhäusern. Und oft wechselt das bei derselben Ameisenart von Volk zu Volk. Diese Anpassungsfähigkeit des Nestbaues an die Naturgegebenheiten hat die Ameisen zu einer besonders lebensstarken Tiergruppe gemacht, die uns fast überall begegnet.

Im folgenden sollen sechs Nesttypen unserer einheimischen Ameisen etwas näher betrachtet werden: drei Formen von Erdnestern, Moorbultnester, Kartonnester und Holznester.

Erdnester unter Steinen

Überaus häufig sind Ameisennester unter Steinen, besonders wenn diese flach sind. In Weinbergen, an Gebirgshängen und anderen Orten gibt es oft keinen flachen Stein, unter dem sich nicht ein Ameisennest verbirgt. Viele Gattungen und Arten machen von diesem umfangreichen Angebot der Natur Gebrauch. Was die Natur – oder auch der Mensch mit Trittsteinen den Ameisen hier anbietet, ist eine ideale Wärmeplatte, die zugleich den besten Schutz gewährt. Die Ameisenbrut braucht ja für ihre Entwicklung viel Wärme.

Mit einem Thermometer kann man sich leicht davon überzeigen, daß der Erdboden unter einem flachen Stein viel wärmer ist als daneben. Es ist also verständlich, daß gerade die großen Steinplatten in den Gärten und auf den Terrassen oft große Ameisenkolonien unter sich beherbergen. Hebt man einen solchen Stein hoch, erblickt man ein Gangsystem mit vielen Kammern, in denen sich Eier, Larven, Puppen und erwachsene Ameisen befinden. Kaum hat man den Stein vom Boden aufgehoben, beginnen die Ameisen damit, ihre Brut in die tiefer gelegenen Kammern in Sicherheit zu bringen.

Nicht selten kommt es vor, daß unter benachbarten Steinen Teile ein- und desselben Ameisenvolkes leben. Diese Teilstaaten stehen durch unterirdische Gänge miteinander in Verbindung. Andererseits gibt es aber auch Fälle, wo unter zwei dicht nebeneinander liegenden Steinen zwei verschiedene Ameisenarten wohnen. Diese gehen sich auf Grund verschiedener Lebensweise aus dem Wege (s. Kap. 11).

Erdnester mit Erdkuppeln

Andere erdbewohnende Ameisenarten meiden Steine und verschaffen sich selbst ein „oberirdisches Heizkissen" in Form einer wärmesammelnden Erdkuppel. Unsere häufigsten Erdkuppelbauer sind die Schwarzbraune Wegameise *Lasius niger* und die Gelbe Wiesenameise *Lasius flavus*. Beide Arten konstruieren ihre Erdkuppeln um stehende Gräser und Kräuter herum, so daß die Stengel der Pflanzen wie Säulen die Kuppel stützen (Abb. 4). Im Innern befinden sich die Kam-

Abb. 4 Erdkuppel eines *Lasius-niger*-Nestes

Abb. 5 Streukuppel eines Nestes der Roten Waldameisen

mern, in denen die Ameisenbrut aufgezogen wird (Abb. 6).

Der Bau einer solchen Erdkuppel verlangt viel Fleiß und Geschick. Bei *Lasius niger* ist dieser interessante Vorgang näher betrachtet worden. Die Hauptarbeit an der Kuppel setzt kurz nach den Regenfällen ein, wenn die Erde gut durchfeuchtet ist. Dann arbeiten die Tiere Tag und Nacht hindurch. Sie schleppen mit ihren Mandibeln kleine Erdklümpchen herbei, legen sie auf die Kuppel und treten sie mit den Vorderbeinen fest, wobei sie unablässig mit ihren Fühlern den Fortgang der Arbeit prüfen. Im Winter, wenn die Gräser und Kräuter verwelkt sind, tragen dann Regen, Schnee und Wind die Erdkuppeln oft weitgehend ab. Die Ameisen sind zuvor in die tieferen Nestregionen unter der Erdoberfläche abgewandert und liegen dort im Winterschlaf.

Erdnester mit Streukuppeln

Noch bessere Wärmesammler als die Erdkuppeln sind Überwölbungen der Erdnester mit trockenen Pflanzenteilen wie Blättchen, Nadeln, Zweigstücken und anderem. Sie sind als „Ameisenhaufen" in unseren Wäldern allgemein bekannt (Abb. 5). Erbauer sind die Waldameisen, insbesondere *Formica rufa* und *F. polyctena*. Die Abb. 7 zeigt, daß besonders in den kühleren Morgen- und Abendstunden, wenn die Sonne schräg am Himmel steht, die wärmenden Strahlen von den Streukuppeln viel besser ausgenutzt werden als vom flachen Waldboden. Messungen gegen Ende Mai ergaben in der Streukuppel 30° C, im oberflächlichen Boden ne-

Abb. 6 Querschnitt durch ein *Lasius-niger*-Nest

Abb. 7 Schema der Sonnenstrahlung morgens oder abends auf ein Streukuppelnest

ben der Kuppel 16° C und in der Luft neben der Kuppel 19° C. Die Größe der Streukuppel richtet sich natürlich nach der Volksstärke. Im Hochgebirge, wo die Nahrungsknappheit nur kleine Völker zuläßt, sind die Streuhügel oft kaum 20 cm hoch. In ausgedehnten Wäldern des Flachlandes dagegen kann man vereinzelt riesige Ameisenhügel von bis zu 1,80 m Höhe und 5 m Durchmesser antreffen.

Die Nestbauerinnen der Waldameisen sind nicht weniger geschickt als jene der erdkuppelbauenden Weg- und Wiesenameisen, ja, sie übertreffen diese noch. In der Regel konstruieren sie ihr Nest um einen Baumstumpf herum (Abb. 8), der gewissermaßen den Kern des ganzen Gebäudes bildet. Sowohl der Erdboden als auch die Streukuppel werden von zahlreichen Gängen und Kammern durchzogen, deren Wände mit Mörtel aus Erde und Speichel geglättet sind, damit der Verkehr in ihnen reibungslos verlaufen kann. Die Streukuppel zeigt einen besonderen Aufbau: einer Innenschicht aus grobem Pflanzenmaterial folgt eine Außenschicht aus dickgepackten kleinen Pflanzenteilen. In der ersteren befinden sich die Brutkammern, während der Mantel aus Feinmaterial die Aufgabe hat, Kälte und Regen vom Nestinnern fernzuhalten und ein Entweichen von Wärme und Feuchtigkeit aus dem Nest zu verhindern. Die Nestbauerinnen halten an der Kuppeloberfläche zahlreiche Öffnungen frei, die sie abends schließen und morgens öffnen und deren Zahl sie, je nach den Erfordernissen, vermehren oder vermindern. Den großen Vorteilen einer solchen Streukuppel steht ein Nachteil gegenüber: die Verpilzungsgefahr. Das

Abb. 8   Querschnitt durch ein Nest der Roten Waldameisen

feuchtwarme Pflanzenmaterial im Nest bildet einen besonders günstigen Nährboden für allerlei Schimmel- und andere Pilze, die – ließe man sie gewähren – das ganze Nest durchwuchern und unbrauchbar machen würden. Im gut durchlüfteten Zentralbezirk der Kuppel können die dort anwesenden zahlreichen Ameisen zwar leicht dafür sorgen, daß Pilze sich dort nicht entwickeln, schwieriger aber ist es in den unbewohnten, dicht gepackten Außenbezirken. Die Waldameisen haben auch dieses Problem gelöst, wie ein sinnreicher Versuch zeigt. Man besprühte einen kleinen Teil der

Oberfläche eines Ameisenhaufens mit gelber (für die Ameisen unschädlicher) Farbe. Einige Tage später war die Farbe verschwunden. Daraufhin wurde dieselbe Stelle mit roter Farbe versehen und, als auch diese verschwunden war, mit blauer Farbe. Etwa vier Wochen nach Beginn des Versuchs erschien die gelbe Farbe wieder und verschwand nach wenigen Tagen erneut. Es folgten die rote und schließlich die blaue Farbe. Die nähere Betrachtung ergab, daß die Nestbauerinnen den Streumantel bis zu 40 cm Tiefe rhythmisch umschichten, indem sie das obere, abgetrocknete Material nach innen und das innere, feuchtere Material nach außen bringen. Auf diese Weise wird eine Verpilzung verhindert.

So ein Ameisen„haufen" ist also in Wirklichkeit ein kleines Wunderwerk der Natur. Als solches sollte es respektiert und in Ruhe gelassen werden!

Moorbult-Nester

Nichts zeigt wohl die Anpassungsfähigkeit der Ameisen an unterschiedliche Umweltverhältnisse deutlicher als die Tatsache, daß viele Arten, die üblicherweise Erdnester bauen, in Mooren die Bulten besiedeln. Unter „Bulten" versteht man die meist zahlreichen kleinen Hügel, die sich über dem nassen und schwingenden Moorboden erheben. Sie bestehen in Flachmooren aus den Wurzelstöcken großer Seggengräser und in Hochmooren aus Torfmoospolstern, die von Gräsern, Heidekraut, Moosbeere und anderen Pflanzen bewachsen sind. Die in ihrem Innern trockenen Bulten (Abb. 9) wirken wärmesammelnd und erfüllen damit die An-

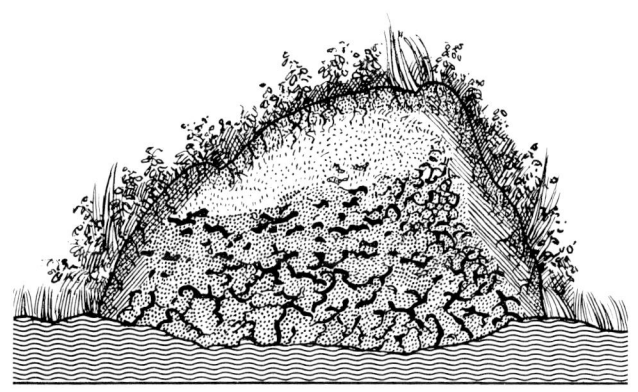

Abb. 9 Querschnitt durch einen Moorbult mit Ameisennest

sprüche der Ameisen in einem Lebensraum, der sonst für Ameisen zu feucht und kühl wäre.
So kommt es, daß ein Moor oft von abertausend Ameisenvölkern besiedelt ist. Meist handelt es sich um kleine *Lasius*- und *Myrmica*-Arten. Der begrenzte Raum eines Bultes läßt nur ein relativ schwaches Volk zu, jedoch sind oft die Bewohner mehrerer benachbarter Bulten zu einem größeren Volk verbunden. Die Ameisen ernähren sich hier von kleinen Tieren sowie von den süßen Ausscheidungen der an den Bultpflanzen lebenden Blattläuse.

Kartonnester

In hohlen Bäumen und anderen holzumgebenen Hohlräumen kann man zuweilen ein bis zu einem Meter hohes, dunkelbraunes, löcheriges Gebilde entdecken (Abb. 10), das aus einem kartonähnlichen Material

Abb. 10 Kartonnest von *Lasius fuliginosus*

Abb. 11 Fichtenstamm-Ausschnitt mit Teil eines *Camponotus*-Nestes

besteht. Es ist das Nest unserer Kartonnestameise *Lasius fuliginosus*, der einzigen europäischen Ameise, die Nester dieser Größe und Festigkeit herstellt. Einige verwandte *Lasius*-Arten sowie die in Nieder-Österreich vorkommende *Cremastogaster scutellaris* bilden gewissermaßen Vorstufen dazu, indem sie oft Holzmulm zu Kammerwänden verfestigen. Die Kartonmasse gewinnen die Ameisen durch Zusammenleimen kleiner Holzfasern, wobei ihnen ihr klebriger Speichel als Leim dient. Auch der Mensch stellt Karton aus verleimten Holzfasern her, doch entdeckte er diesen Werkstoff Millionen von Jahren später als die Ameise.

Um den brüchigen Karton stabiler zu machen, wendet die Kartonnestameise ein erstaunliches Verfahren an: sie nimmt einen Teil ihres von Blattläusen geholten Zuckersaftes (s. Kap. 6) und mischt ihn dem Leim bei. Dadurch wird die Kartonmasse für einen Pilz nahrhaft, der sich darauf ansiedelt und mit seinem Fadengeflecht den Karton durchzieht sowie verfestigt. Man hat festgestellt, daß diese Pilzart ausschließlich bei *Lasius fuliginosus* lebt. Es handelt sich hier um eine „Symbiose", das heißt um ein Zusammenleben zweier verschiedener Organismenarten zu gegenseitigem Vorteil: die Ameise ernährt den Pilz, und dieser verfestigt das Kartonnest. Das Nestinnere besteht aus einem Labyrinth von Hohlräumen, die miteinander in Verbindung stehen. In ihnen wird die Brut aufgezogen. Nach unten geht das Kartonnest in ein Erdnest über, in welchem das Volk überwintert.

Holznester

Von Holznestern spricht man, wenn die Ameisen ihre Gänge und Kammern mit ihren Mandibeln aus totem oder lebendigem Holz herausmeißeln. Manchmal beziehen sie dabei die Gänge von Bock- oder Borkenkäfern in ihr Nest mit ein, doch beschränken sie sich niemals darauf.

Holznester können sehr klein sein, wie die in dicken Baumrinden angelegten, oft nur 1 bis 2 cm großen Nester der winzigen *Leptothorax*-Arten. Entsprechend klein sind die darin lebenden Völker.

Holznester können aber auch riesig groß sein. Die Riesenholzameisen der Gattung *Camponotus*, die größten europäischen Ameisen, meißeln bis zu 10 m lange Nester im Inneren der Stämme großer Kiefern und Fichten. Ihr Nest bildet ein eigenartiges System von sehr schmalen nebeneinanderliegenden Hohlräumen (Abb. 11). Diese kommen dadurch zustande, daß der jährliche Holzzuwachs des Baumes, der sogenannte „Jahresring", sich aus einer weicheren Frühjahrsholz- und einer härteren Sommerholzschicht zusammensetzt. Die Ameisen nagen die Weichholzschicht heraus und lassen die Hartholzschicht als dünne Wände stehen. Auf solche Weise bearbeiten sie zahlreiche Jahrringe nebeneinander. Derartige Nestbauten bedeuten natürlich einen erheblichen Schaden. Von außen sieht man es dem Baum nicht an, ob sich in seinem Kernholz ein Nest der Riesenholzameise befindet. Die Nestbauerinnen verschonen die dicht unter der Rinde verlaufenden Wasser- und Nährstoffleitbahnen, so daß der Baum am Leben bleibt. Erst wenn er gefällt wird oder vorher durch einen Sturm umbricht, entdeckt man den Schaden, der um so unangenehmer ist, als sich meist mehrere Zweignester in benachbarten Bäumen zu einem Gesamtnest zusammenschließen.

Und wie gelangen die Ameisen in das Bauminnere, wenn von außen kein Befall sichtbar ist? Sie dringen vom Boden aus über die Wurzeln in den Stamm ein. Und unterirdisch verlaufen auch ihre „Straßen" zwischen den mehrere Bäume umfassenden Teilstaaten.

Den Abschluß unserer Betrachtung der Ameisennester soll eine Holzameise bilden, die vom Mittelmeergebiet bis zum Rheinland, also in unsere wärmsten Gegenden, vordringt. Es ist die Türkopf- oder Kolbenkopfameise,

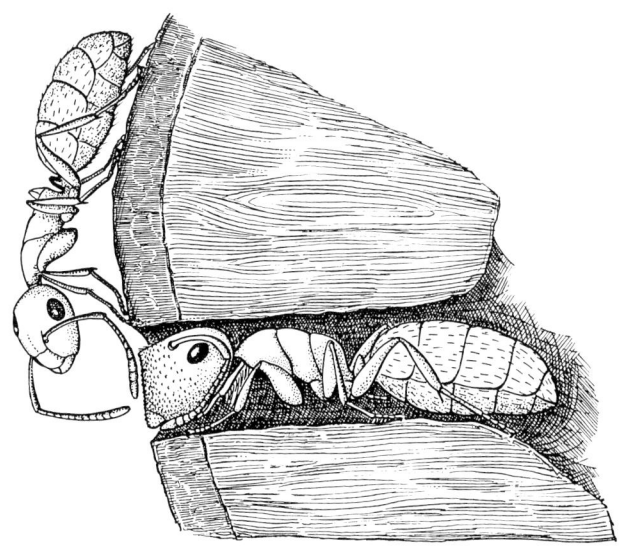

Abb. 12 Kolbenkopfameise, *Colobopsis truncata*, normale Arbeiterin und Wächterin

Colobopsis truncata. Das Besondere an ihr drückt schon der eigenartige Name aus. Sie baut ihr Nest in den Ästen von Kastanien-, Obst- und Walnußbäumen und verschließt die kreisrunden Nestpforten in der Rinde mit „lebenden Türen". Als solche dienen Arbeiterinnen, die für diese Aufgabe körperlich umgestaltet sind: ihr Gesicht ist kreisrund und abgeplattet und verschließt die Eingangspforte wie der Korken die Flasche (Abb. 12). Kommt eine Ameise von außen zur Pforte und will in das Nest, muß sie zunächst am Kopf der Pförtnerin mit den Fühlern anklopfen und wird

daraufhin geruchsmäßig überprüft. Besitzt sie den Nestgeruch, gibt ihr die Pförtnerin den Weg frei.
Hier ist also innerhalb der Arbeiterinnen-Kaste eine Unterkaste entstanden, die sich – was bei einheimischen Ameisen eine seltene Ausnahme ist – im Körperbau von den anderen Arbeiterinnen erheblich unterscheidet. Man nimmt an, daß diese Unterkaste durch eine besondere Ernährung aus Arbeiterinnen-Larven hervorgeht.

5. Beruf: Wärmeträgerin

Arbeitsteilung im Ameisenstaat

Ein Staatswesen kann nur funktionieren, wenn die vielfältigen Aufgaben auf alle Bürger verteilt werden, wobei bestimmte Bevölkerungsgruppen bestimmte Aufgaben übernehmen, das heißt: bestimmte Berufe ausüben. Auch der Ameisenstaat folgt diesem Prinzip. Ganz grob betrachtet, hat jede der drei Ameisenkasten ihren besonderen Aufgabenbereich: Die Königin gründet den Staat und erhält ihn durch Erzeugen von Nachkommen am Leben; die Männchen begatten die jungen Königinnen; und die Arbeiterinnen tun alles übrige.
Die leichteste Aufgabe kommt somit den Männchen zu, die diese Bevorzugung aber mit ihrem raschen Tod bezahlen (s. Kap. 7). Die weitaus schwerste Arbeit verrichtet die Königin, denn von der Staatsgründung

bis zu ihrem Tode legt sie – mit Ausnahme der Winterruhe – ununterbrochen Eier. So produziert die Königin der Großen Roten Waldameise, *Formica rufa*, von Ende März bis Anfang September täglich etwa 300 Eier, das sind im Jahr 50 000 und während eines 20jährigen Lebens 1 Million Eier. Um diese kaum faßbare Leistung vollbringen zu können, wird sie unablässig von einem „Hofstaat" von Arbeiterinnen gepflegt und mit hochwertigster Nahrung gefüttert.

Die eigentlichen, sehr umfangreichen und vielfältigen Arbeiten im Staatenleben verrichten voll und ganz die Arbeiterinnen. Das vielleicht Rätselhafteste am Ameisenstaat besteht nun darin, daß es in ihm kein Aufgabengebiet (keinen „Beruf") zu viel oder zu wenig gibt, und daß diese Berufe immer genau von so vielen Tieren ausgeübt werden wie gerade notwendig sind; Arbeitslosigkeit ist hier also völlig unbekannt. Wie kommt es zu dieser Berufswahl und -bindung? Wer sagt den Arbeiterinnen, was sie zu tun haben?

Wir dürfen uns unter den Tätigkeiten der Ameisen nicht Berufe im menschlichen Sinne vorstellen. Vielmehr handelt es sich dabei um die instinktive, also unbewußte Beantwortung von Reizen, die aus der Umwelt jeweils auf einen Teil der Ameisen einwirken. Je stärker der Reiz ist, desto mehr Arbeiterinnen werden von ihm beeinflußt. So gehen etwa von hungrigen Larven Reize (Signale) aus, die die in der Nähe befindlichen Arbeiterinnen veranlassen, die Fütterung zu übernehmen. In ähnlicher Weise wirkt ein Schaden am Nest als Reiz zur Ausbesserung oder die Duftspur einer Kundschafterin als Reiz, der Spur zu einer Nahrungs-

quelle zu folgen und diese auszunutzen. Sobald dann ein Tier die betreffende Arbeit übernommen hat, bleibt es in der Regel längere Zeit dabei, spezialisiert sich also. Erst auf einen anderen, stärkeren Reiz hin wechselt es seine Tätigkeit. Solche Arbeitsreize können außer von der Umwelt auch von der „Innenwelt", also aus dem Körper der Ameise, kommen. So wechselt jede Arbeiterin unter der Einwirkung von Hormonen im Verlauf ihres Lebens grundlegend ihren Arbeitsbereich: als junges Tier ist sie im „Innendienst" (im oder am Nest), als älteres Tier im „Außendienst" tätig.
Doch kann nicht alles, was im Ameisenstaat geschieht, bestimmten Berufen zugeordnet werden. An einigen Gemeinschaftshandlungen beteiligen sich alle (Nahrungsweitergabe) oder ein wechselnd großer Teil (Verteidigung) der Arbeiterinnen über alle Berufe hinweg. Hierüber wird in späteren Kapiteln Näheres berichtet. Die nun folgende kurze Betrachtung der Ameisen-Berufe stützt sich in der Hauptsache auf Erkenntnisse, die bei unseren Roten Waldameisen, der bisher am besten erforschten Ameisengruppe, gewonnen wurden. Das meiste wird allerdings auch für andere Ameisenarten gelten. Bei den Roten Waldameisen können wir 10 Innendienst- und 8 Außendienst-Berufe unterscheiden.

Der Innendienst

Nach der Überwinterung des Volkes, im zeitigen Frühjahr, treten die Weckerinnen in Aktion. Sie üben also einen jahreszeitlich eng begrenzten Beruf aus. Es sind jene Tiere, die ihre Winterstarre am weitesten oben im Nest verbrachten und daher am zeitigsten von der eindringenden Wärme geweckt wurden. Nun betätigen sie sich als Weckerinnen bei den tiefer liegenden Tieren: sie transportieren sie nach oben in die wärmere Zone, wo sie aufwachen. Auf diese Weise wird das ganze Volk etwa gleichzeitig aktiv.

Die auf das Wecken folgende Arbeit ist gleichfalls an das zeitige Frühjahr gebunden: ein Teil der soeben erwachten Tiere betätigt sich als W ä r m e t r ä g e r i n n e n . Ihre Aufgabe ist es, das noch kühle Nestinnere so schnell wie möglich aufzuheizen, damit dort mit der Einlagerung von Eiern begonnen werden kann. Zu diesem Zweck sonnen sich die Wärmeträgerinnen an der Nestoberfläche, „tanken" dabei Wärme und laufen dann ins Nestinnere, um dort ihre überschüssige Körperwärme an die Umgebung abzugeben.

Noch vor der allgemeinen Eiaufzucht in den inneren Kammern legt aber die Königin im äußeren Nestbereich eine begrenzte Zahl besonders großer Eier ab, aus denen die Geschlechtstiere hervorgehen. Die hochwertige Nahrung für deren Aufzucht wie auch für die Fütterung der Königin kann in der nahrungsknappen Frühlingszeit nicht im Freiland gewonnen werden. Daher dienen als Futterquelle die Kröpfe von im Herbst gemästeten S p e i c h e r t i e r e n . Diese sind für den Ameisenstaat ein kostbares Gut und werden, solange sie als „lebende Speisekammern" dienen, von besonderen S p e i c h e r t i e r - P f l e g e r i n n e n bewacht und betreut. Nachdem sie ihre Aufgabe erfüllt und ihren Nahrungsvorrat abgegeben haben, reihen sie sich in den allgemeinen Arbeitsprozeß ein.

Abb. 13   Einblick in ein
          Holznest von
          Camponotus herculeanus
          mit Eiern
          und Eipflegerinnen

Abb. 14   Kleine Arbeiterinnen-
          und große
          Geschlechtstierpuppen
          mit Puppenpflegerinnen
          in einem
          Lasius-niger-Nest unter
          einem Terrassenstein

Die vielfältigste und zeitaufwendigste Arbeit im Nest verrichten die Brutpflegerinnen, die sich nochmals in Ei- (Abb. 13), Larven- und Puppen- (Abb. 14) Pflegerinnen untergliedern lassen. Sie haben 1. die ihnen anvertrauten Entwicklungsstadien laufend zu reinigen, damit diese in dem feuchtwarmen Nest nicht von Pilzkrankheiten befallen werden. Sie müssen 2. die Larven füttern. Sie transportieren 3. Eier, Larven und Puppen jeweils zu den Kammern mit der günstigsten Temperatur und Feuchtigkeit. Sie helfen 4. den Altlarven bei der Verpuppung, und zwar durch Darbietung von Steinchen, die als Haftpunkte für die Gespinstfäden dienen, aus denen der Puppenkokon gesponnen wird. Und sie haben 5. den fertigen Ameisen Hilfestellung zu leisten, die sich aus den Puppenkokons herausarbeiten.

Das für den Ameisenstaat wichtigste Tier, die Eier legende Königin, bedarf besonders intensiver Pflege. Die dafür zuständigen Königspflegerinnen müssen ihre Schutzbefohlene unablässig füttern und reinigen. Auch müssen sie die Eier in Empfang nehmen und an die Brutpflegerinnen weitergeben. Schließlich gehört zu ihren Aufgaben, die Königin zu transportieren, wenn ein Umzug nötig ist, und sie zu beschützen, falls Gefahr droht.

Für die Sauberhaltung des Nestes sorgt ein großer Trupp von „Putzfrauen". Diese Nestreinigerinnen sammeln alle Speisereste, Larvenhäute (die Larven häuten sich mehrmals, wie wir noch sehen werden), Darmausscheidungen sowie sonstige Abfälle und schaffen sie aus dem Nest oder verstauen sie in abgelegenen

Kammern, die gewissermaßen als Müllhäuser dienen. Auch tote Nestgefährtinnen werden von ihnen hinausgeschleppt oder manchmal auch in bestimmten Kammern „bestattet". Unterirdische Müll- und Totenkammern scheinen vor allem bei solchen Ameisenvölkern üblich zu sein, die ihre Nester unter größeren Steinflächen haben, wo eine Anlage oberirdischer Abfallplätze nicht möglich ist oder zu auffällig wäre.

Der nach den Brutpflegerinnen zweitgrößte Teil der Innendiensttiere übt den Beruf der Nestbauerinnen aus. Bei den Roten Waldameisen empfangen sie von den Nestmaterialbeschafferinnen die Pflanzenteile, die sie zum Bau und zur Reparatur der Nestkuppel benötigen. Wahrscheinlich gibt es bei ihnen noch eine Berufsteilung in Tiere, die für das Außennest, und solche, die für das Innennest zuständig sind. Die ersteren haben unter anderem den Nestmantel dauernd umzuschichten und das Öffnen sowie Schließen der Nestpforten zu besorgen. Letzteren obliegen der Bau und die Pflege des inneren, bis in tiefere Erdschichten hinabreichenden Nestes, insbesondere die Anlage und Unterhaltung des Gang- und Kammernsystems.

Die für die Nahrungsbeschaffung zuständigen Außendienstlerinnen geben den größten Teil der Nahrung am oder im Nest an die Brutpflegerinnen ab. Wenn die angelieferte Nahrung flüssig ist, kann sie sofort von Mund zu Mund weiter verteilt werden. Handelt es sich dagegen um Beutetiere oder deren Teile, so werden diese gewöhnlich erst von hierauf spezialisierten Beutezerlegerinnen mundgerecht zerkleinert und dann weitergereicht.

Schließlich gehört zum Innendienst auch noch das Wächteramt. Der Ameisenstaat muß stets auf der Hut vor Angriffen sein. In einem solchen Fall alarmieren die Wächterinnen mit Hilfe von Duftstoffen (s. später) alle Nestbewohner, damit diese zu einem Teil die Brut und die Königin in Sicherheit bringen und zum anderen Teil sich gegen den Feind wenden können. Zu den Aufgaben der Wächterinnen gehört aber auch, alle beim Nest ankommenden Ameisen daraufhin zu überprüfen, ob es sich um Nestangehörige oder Fremdameisen handelt. Sie erkennen dies sofort am Körpergeruch der Ankömmlinge.

Der Außendienst

Außerhalb des Nestes ist die mühsamste und gefahrvollste Arbeit den Jägerinnen zugewiesen. Sie müssen auf dem Boden oder auf Pflanzen die Beutetiere, vor allem Spinnen und Insekten, aber auch Regenwürmer, Schnecken und andere Tiere angreifen, mit ihrem Gift töten oder lähmen und zum Nest schleppen. Es sind meist die größeren Tiere, die sich dieser schweren Aufgabe widmen. Wenn die Beute sehr groß oder wehrhaft ist, kann man beobachten, wie mehrere Jägerinnen sie gemeinsam überwältigen und auch heimtransportieren (Abb. 16).

Schon leichter hat es da eine zweite Gruppe von Nahrungsbeschafferinnen, die Sammlerinnen. Sie begnügen sich mit dem Suchen und Eintragen von Nahrung pflanzlicher Herkunft: Blütennektar, Pollen und Samen. In letzterem Fall interessiert die Ameisen in der Regel gar nicht der Same selbst, sondern nur ein schmackhafes Anhängsel, mit welchem manche Pflanzen ihren Samen ausstatten. Diesen für das Waldökosystem wichtigen Samentransport werden wir in Kap. 15 noch näher betrachten.

Eine ganz andere Nahrungsquelle beuten die B l a t t l a u s m e l k e r i n n e n aus. Wie man heute weiß, haben die meisten Ameisenarten mehr oder weniger enge Beziehungen zu Blattläusen, deren süße Darmausscheidungen für die Ameisen eine unentbehrliche Nahrung bilden. Die Ameise beklopft mit ihren Fühlern die Blattlaus, die daraufhin einen süßen Darmtropfen von sich gibt. Da auch der Mensch von seinen Kühen eine nahrhafte Flüssigkeit gewinnt, die auf eine körperliche Berührung hin abgegeben wird, hat man in übertragenem Sinn die Blattläuse als „Kühe der Ameisen" bezeichnet und die mit der Gewinnung der süßen Flüssigkeit beschäftigten Arbeiterinnen als Blattlaus„melkerinnen". Mit dieser höchst interessanten Beziehung zwischen Ameisen und Blattläusen werden wir uns im anschließenden Kapitel noch näher befassen.

So wie der Mensch seine Viehherden bewacht, tun dies auch die Ameisen mit ihren Blattlausherden. Ständig sorgen B l a t t l a u s w ä c h t e r i n n e n dafür, daß den kostbaren Nahrungsspendern kein Leid durch räuberische oder parasitische Tiere geschieht. Zwischen den Blattlausherden und dem Ameisenstaat verlaufen oft regelrechte „Ameisenstraßen", um den Nahrungstransport zu erleichtern und zu beschleunigen. Manchmal sind sie auch im Boden vertieft und streckenweise sogar mit einem Mörtel aus Erde und Speichel überdacht. S t r a ß e n b a u e r i n n e n haben sie angelegt, und diese sorgen auch durch Wegräumen von Hindernissen für einen reibungslosen Verkehr.

Entlang den Straßen kann man zahlreiche unbeschäftigte Ameisen beobachten. Ihr Nichtstun ist aber nur scheinbar. Es sind S t r a ß e n w ä c h t e r i n n e n, die bei Annäherung eines Feindes sich auf ihn stürzen und zugleich durch Abgabe eines Alarmduftstoffes (s. später) die in der Nähe befindlichen Arbeiterinnen zur Abwehr herbeirufen.

Teil-Nutznießer der Straßen sind die N e s t m a t e r i a l b e s c h a f f e r i n n e n. Sie verteilen sich überall im Gelände und suchen nach Pflanzenteilen zum Bau der Nestkuppel. Mit einem Materialstück (Abb. 17) streben sie dann einer Ameisenstraße zu, die den Transport wesentlich erleichtert.

Bei Zweignestern finden zur Regulation der Mengenverhältnisse häufig Bevölkerungsverschiebungen statt, wobei bestimmte T r ä g e r i n n e n ihre Schwestern ergreifen und sie vom oder zum Hauptnest oder von einem Zweignest zum anderen transportieren. Die Getragenen nehmen dabei eine bestimmte, für ihre Art oder Gattung typische Transporthaltung ein (bei *Formica:* zusammengerollt, Abb. 15). Auch zur Überwinterung werden die Einwohnerinnen kleinerer Zweignester, sofern sie nicht aus eigenem Antrieb kommen, ins besser geschützte und wärmere Zentralnest transportiert. Schließlich kommt es auch vor, daß ein Nest ganz aufgegeben wird und das Volk sich an anderer Stelle ansiedelt. Auch hier gibt es für die Trägerinnen viel zu tun, denn nicht alle Ameisen schließen sich dem Auszug freiwillig an.

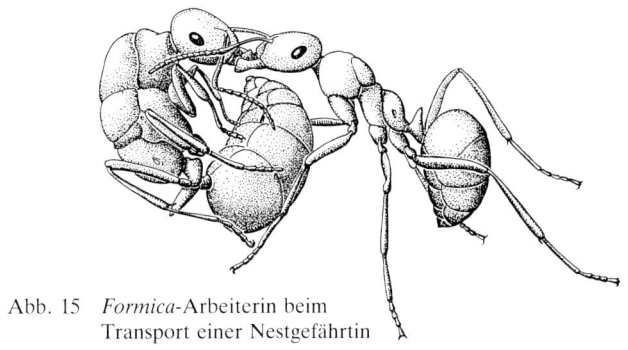

Abb. 15 *Formica*-Arbeiterin beim Transport einer Nestgefährtin

Was in diesem Abschnitt über die Arbeitsteilung gesagt wurde, stützte sich in der Hauptsache auf Beobachtungen, die über die beiden Roten Waldameisen vorliegen. Bei anderen Ameisen liegen die Dinge zwar im Prinzip ähnlich, doch kennt man auch mancherlei Abweichungen. So wurde z. B. bei der Knotenameise *Myrmica ruginodis* entdeckt, daß hier den Brutpflegerinnen noch Dienerinnen (Domestiken) zur Seite stehen. Und bei der winzigen, in Häusern lebenden Pharaoameise fand man neben Wärmeträgerinnen auch Feuchtigkeitsträgerinnen; diese tragen, wenn im Nest die Luftfeuchtigkeit unter etwa 65 % absinkt, Wassertröpfchen ins Nest. Gerade über die Berufseinteilung wird man bei unseren Ameisen noch viele neue Dinge entdecken!
Um welche Arbeit es sich aber auch handelt, immer wird sie mit großer Schnelligkeit ausgeführt. Gemächliche Bewegungen gibt es bei Ameisen nicht. Nach ihrem auffallenden Arbeitseifer, ihrer Emsigkeit, haben sie ja auch den Namen Emsen = Ameisen erhalten.

Abb. 16 Rote Waldameisen mit erbeuteter Blattwanze
Abb. 17 Nestmaterial-Trägerin *(Formica polyctena)*

6. Viehzucht auf Bäumen

Ernährung des Ameisenvolkes

Es fällt auf, daß die meisten Ameisenberufe im Dienste der Ernährung stehen. Das verwundert nicht, wenn man bedenkt, was es heißt, ein Volk von vielleicht 1 Million Larven und erwachsenen Tieren tagein-tagaus zu sättigen. Wir sahen, daß an der Bewältigung dieser großen Aufgabe die Jägerinnen, Sammlerinnen, Blattlausmelkerinnen und -wächterinnen, Beutezerlegerinnen, Speichertiere und Speichertierpflegerinnen, Königspflegerinnen und, nicht zuletzt, die Brutpflegerinnen beteiligt sind.
Die Ameisen, die Nahrung herbeiholen, gehen unermüdlich vom Morgen bis zum Abend und in mondhellen Nächten auch nachts ihrer Arbeit nach. Man hat berechnet, daß bei der Kleinen Roten Waldameise der Nahrungsausflug einer Arbeiterin durchschnittlich 2 Stunden dauert. Das bedeutet, daß im Sommer bei 16stündigem Tageslicht jedes dieser Tiere täglich 8 Nahrungsausflüge unternimmt, eventuelle Nachtarbeit nicht eingerechnet. Dabei schleppt es etwa das 1,5fache des eigenen Körpergewichts an Nahrung zum Nest.
Grundsätzlich lassen sich nach ihrer Herkunft drei Sorten von Ameisennahrung unterscheiden: Tiere, Blattlauszucker und Pflanzenteile; oder anders gesagt: Fleisch-, Zucker- und Pflanzenkost. Allerdings sind

nicht sämtliche einheimischen Ameisen Gemischtkostler, die alle drei Nahrungsarten zu sich nehmen. Manche Ameisen leben rein räuberisch, also von Fleischkost, andere ausschließlich von Blattlauszucker – und eine einzige Art, die Ernteameise, ist zur reinen Vegetarierin geworden, die sich von Pflanzensamen ernährt. Die meisten Ameisenarten aber schöpfen aus allen drei Nahrungsquellen. Betrachten wir im folgenden die Gewinnung und Verwertung der Fleisch-, Zucker- und Pflanzenkost bei unseren Ameisen etwas näher.

Fleischkost

Als Fleischkost dienen den Ameisen vor allem Insekten, Spinnen und Würmer, die entweder lebend erbeutet oder tot aufgesammelt werden. Auch am Verzehr von toten Wirbeltieren, vor allem von Vögeln und Mäusen, beteiligen sich Ameisen. So dringen sie nicht selten, vom Verwesungsgeruch angelockt, in Vogelnistkästen ein, um die dort abgestorbene Vogelbrut aufzuessen. Ameisen leben also nicht nur räuberisch, sondern betätigen sich auch als Aasverzehrer und „Abfallsammler". Bereits im vergangenen Jahrhundert wurde die Rote Waldameise als „Gesundheitspolizei des Waldes" bezeichnet.
Der größte Teil der Fleischkost stammt aber doch von lebenden Beutetieren. Sobald die Jägerin ein Tier entdeckt hat, das größenmäßig in ihr Beuteschema paßt, eilt sie darauf zu. Doch greift sie es nicht sofort an, sondern vergewissert sich erst, ob es sich dabei nicht um eine Blatt- oder Schildlaus oder ein anderes zuckerspendendes Tier handelt. Ist das nicht der Fall, geht sie

zum Angriff über. Wir werden diesen Vorgang noch im Kap. 11 näher kennenlernen.

Wenn das Beutetier so groß oder so wehrhaft ist, daß die einzelne Jägerin damit nicht fertig wird, werden andere auf den Kampf aufmerksam und eilen zu Hilfe. Auch am Abtransport einer großen Beute sind mehrere Jägerinnen beteiligt. Ist die Beute aber zu schwer oder sperrig, wird sie an Ort und Stelle in kleinere Teile zerlegt.

Das Jagdgebiet eines Ameisenvolkes wechselt mit der Volksstärke und Jahreszeit. Bei den Roten Waldameisen reicht es bis etwa 50 m vom Nest in alle Richtungen, umfaßt dann also eine Fläche von etwa 1 Hektar (100×100 m).

Die zum Nest zurückkehrenden, mit Fleischkost beladenen Jägerinnen tragen ihre Beute nicht immer sichtbar zwischen ihren Mandibeln, sondern zum Teil auch unsichtbar in ihrem Körper. Letzteres ist der Fall, wenn die Beute bereits am Fangort zerlegt und verschluckt wird. Sie gelangt dann aber nicht sogleich in den Verdauungsmagen, sondern zunächst in einen Vormagen, den Kropf. Man hat diesen auch als „Sozialmagen" des Ameisenvolkes bezeichnet, weil sein Inhalt gewissermaßen dem ganzen Volk und nicht der betreffenden Ameise gehört. Denn der größte Teil des Kropfinhalts wird von der Ameise an andere Nestgefährtinnen weitergegeben (Abb. 18), und nur ein kleiner Teil gelangt in den Hauptmagen zur eigenen Ernährung. Die an andere Arbeiterinnen verteilte Nahrung wird wiederum von diesen größtenteils weitergegeben, so daß schließlich ein alle Angehörigen des Volkes umfassender Nahrungsstrom entsteht. Das gilt nicht nur für das Fleisch, sondern auch für die anderen zu betrachtenden Nahrungsarten, die Zucker- und Pflanzenkost.

Hauptabnehmer der Fleischkost sind bei den Gemischtkostlern die Larven, denn Fleisch ist besonders reich an Eiweiß und Fett, also an Aufbaustoffen. Dagegen begnügen sich die erwachsenen Ameisen (mit Ausnahme der eierproduzierenden Königin) mit einem geringeren Fleischanteil. Sie haben ihre Entwicklung hinter sich und benötigen für ihre anstrengende Tätigkeit vor allem Energie, die sie aus der Zuckerkost gewinnen.

Zuckerkost

Die zweite große Nahrungsquelle neben der Fleischnahrung bildet der Blattlauszucker. Die meisten mitteleuropäischen Ameisenarten sind so stark von dieser Nahrung abhängig, daß sie nur in der Nähe von Blattlauskolonien leben können. Der Einfachheit halber wird hier nur von Blattläusen gesprochen, obwohl in geringem Umfang auch einige andere Insekten, nämlich Schildläuse, Zikaden und die Raupen gewisser Schmetterlinge, zu den Zuckerlieferanten der Ameisen gehören.

Der Blattlausbesuch der Ameisen (Abb. 19) hat die Menschen seit jeher ganz besonders interessiert, und er wird immer interessanter, je mehr man ihn kennenlernt. Es handelt sich um eine Symbiose, also ein Zusammenleben verschiedenartiger Organismen zu gegenseitigem Vorteil, wie wir es in anderer Form bereits beim Zusammenleben der Kartonnestameise mit einem Pilz kennenlernten (der sich auf dem Karton ansiedelt).

Abb. 18 Nahrungsweitergabe zwischen zwei *Formica*-Arbeiterinnen

Abb. 19 *Formica polyctena* beim Blattlausbesuch

Der Vorteil für die Ameisen besteht darin, daß sie die süßen Darmausscheidungen der Blattläuse verzehren. Im Volksmund werden diese zuckerhaltigen Tröpfchen „Honigtau" genannt, weil sie dort, wo Ameisen nicht oder nur in geringer Zahl vorhanden sind, wie winzige Tautröpfchen die Blätter eines Baumes oder einer anderen Pflanze bedecken können. Und wenn dann der Zucker aus diesen Tröpfchen auskristallisiert, glitzern die Kristalle wie Millionen kleiner Diamanten in der Sonne.

Wie kommt der Honigtau zustande? Die Blattläuse ernähren sich von Pflanzensaft, den sie mit Hilfe ihres Saugrüssels dem Pflanzengewebe, vor allem den Nährstoffleitbahnen entziehen. Der Saft in den Leitbahnen ist aber besonders zuckerreich, da er den „Transportzucker" auf seinem Wege von den Blättern zu den Speicherorganen der Pflanze enthält. Nun können, wie man weiß, der Mensch und alle Tiere und somit auch die Blattläuse ihre drei Hauptnährstoffgruppen Eiweiß, Kohlehydrate (vor allem Zucker) und Fette nur jeweils in einem bestimmten Mengenverhältnis zueinander verwerten. Befindet sich einer dieser Nährstoffe im Überfluß, wird er nur zum Teil vom Körper verwertet und der Restteil ungenutzt ausgeschieden. Für die Blattläuse enthält der Pflanzensaft erheblich zuviel Zucker, also scheiden sie den nicht verwertbaren Zuckeranteil aus ihrem Darm wieder aus. Was für die Blattläuse unverwertbar ist, können aber gerade die Ameisen als Nährstoff dringend gebrauchen.

Der Vorteil, den die Blattläuse aus ihrer Symbiose mit den Ameisen ziehen, ist ein dreifacher. Erstens werden sie von den Ameisen gegen räuberische und parasitische Insekten geschützt. Blattlausräuber sind z. B. die Marienkäfer und ihre Larven oder die Larven der Schwebfliegen. Und als Parasiten treten Hunderte von Arten kleiner Schlupfwespen auf, die ihre Eier in die Blattläuse hineinstechen; die aus den Eiern hervorgehenden Larven fressen dann die Blattläuse von innen her auf. Alle diese Blattlausräuber und -parasiten werden von den Ameisen verjagt. Ein zweiter Vorteil für die Blattläuse besteht darin, daß ihre Kolonien durch die Ameisen von dem ausgeschiedenen Zuckersaft befreit werden. Wäre das nämlich nicht der Fall, würden sich darauf binnen kurzem Pilze ansiedeln und die Blattläuse überwuchern, die mit ihren Saugrüsseln in der Pflanze festsitzen. Den dritten Vorteil schließlich gewinnen die Blattläuse dadurch, daß sie von den ungeduldigen Ameisen durch Fühlerschläge aufgefordert werden, in kürzeren Abständen ihren Zuckersaft auszuscheiden. Das regt sie zu stärkerer Saugtätigkeit und rascherer Entwicklung an, wodurch ihre Generationszahl im Jahr steigt.

Wenn, wie wir soeben sahen, die Ameisen die Blattlauskolonien bewachen und verteidigen und die einzelnen Tiere durch körperliche Berührung zur Abgabe einer nahrhaften Flüssigkeit veranlassen, so stehen sie damit im Prinzip zu den Blattläusen im gleichen Verhältnis wie der Mensch zu den Kühen. Es ist daher durchaus berechtigt, im übertragenen Sinne die Blattläuse als die „Kühe" der Ameisen und die mit der Gewinnung von Blattlauszuckersaft beschäftigten Arbeiterinnen als „Blattlausmelkerinnen" zu bezeichnen.

Wie wichtig die Blattläuse für die Ameisen sind, erkennt man an dem großen Anteil des Blattlauszuckers an der Ameisenernährung. Er macht z. B. bei der Kleinen Roten Waldameise rund 65 % der Nahrung aus. Was sich hinter dieser Zahl für Mengen verbergen können, ist höchst erstaunlich. So berechnete man aus Gewichtsmessungen bei Arbeiterinnen vor und nach dem Blattlausbesuch in Verbindung mit der Feststellung der Anzahl der Tiere, daß ein Waldameisenvolk bis zu 500 Liter Blattlauszuckersaft im Jahr verbraucht! Chemische Untersuchungen ergaben, daß dieser Saft nicht nur mehrere Zuckerarten, sondern auch Eiweiße, Mineralstoffe und Vitamine enthält. So wird leicht verständlich, daß manche Ameisenarten, wie etwa die Gelbe Wiesenameise, ausschließlich von Blattlauszuckersaft leben können. Ameisen, die mit Blattläusen in Symbiose leben, kommt es auf den Blattlauszucker allgemein an, nicht auf den Zucker einer bestimmten Blattlausart. So treten unsere zwei Roten Waldameisenarten in Mitteleuropa zu mehr als 70 Blatt- und Schildlausarten in Symbiose-Beziehung.

Die Berechtigung, die Blattlauszucht der Ameisen grundsätzlich mit der Viehzucht des Menschen gleichzusetzen, wird durch einige erstaunliche Beobachtungen noch erhärtet. So bauen mehrere unserer Ameisenarten auf Bäumen und Sträuchern oder auch an den Wurzeln von Pflanzen für ihre Blattlausherden regelrechte Ställe aus einem Mörtel von Erde, Holzmehl und Speichel, der eine große Festigkeit erreicht. In diesen Behausungen können die Blattläuse geschützt saugen und von den Ameisen besucht werden. Ja, manche Ameisenarten gehen sogar so weit, daß sie im Herbst die von den Blattläusen an Bäumen und Sträuchern abgelegten Eier, die normalerweise dort überwintern, in ihr Nest transportieren und in tiefgelegenen Kammern lagern. Im Fühjahr, wenn die Ameisen aus ihrem Winterschlaf erwachen, behandeln sie die Blattlauseier wie ihre eigenen Eier: sie reinigen sie und tragen sie in obere Kammern, wo es am wärmsten ist. Sobald die jungen Blattläuse aus den Eiern geschlüpft sind, werden sie von den Ameisen zu ihren Wirtsbäumen oder -sträuchern getragen, dort angesiedelt und bewacht.

Als Folge ihres langen Zusammenlebens mit den Ameisen haben viele Blattlausarten ihre Lebens- und Verhaltensweise geändert und sind völlig von den Ameisen abhängig geworden. So können manche von ihnen den Winter nur dann überstehen, wenn ihre Eier, wie soeben geschildert, mit ins Ameisennest genommen werden. Bleiben die Eier an den Bäumen und Sträuchern, erfrieren sie. Von der Birkenblattlaus, *Smydobius oblongus,* ist bekannt, daß sie auch im Sommer nur in Verbindung mit Ameisen existieren kann. Hält man die Ameisen von den Birkenblattläusen fern, sterben diese aus noch unbekannten Ursachen ab. Solche Anpassungen von Blattläusen an ihre „Züchterinnen" bilden eine Parallele zu der als Domestikation bekannten Anpassung der Haustiere an den Menschen.

Nach alledem hat also die Ameise die Viehzucht, die der Mensch mit seinem Verstande schuf, schon Millionen Jahre früher mit ihrem Instinkt geschaffen. Mehr über Verstand und Instinkt siehe im Kap. 18.

Was schließlich die Verwertung des Blattlauszuckers betrifft, so wurde bereits erwähnt, daß er bei den von Gemischtkost lebenden Ameisen in erster Linie den erwachsenen Ameisen zugutekommt, während die Larven überwiegend mit Fleischnahrung gefüttert werden. Daher sieht man auch die Zuckersaftweitergabe von Mund zu Mund nicht nur am oder im Ameisennest, sondern häufig außerhalb. Gerade die Schwerstarbeit leistenden Jägerinnen und Nestmaterial-Trägerinnen decken ihren Energiebedarf zumeist gleich unterwegs.

Pflanzenkost

Mit einer einzigen Ausnahme, auf die wir gleich zurückkommen, spielt Pflanzenkost in der Ernährung der Ameisen nur eine geringe Rolle. Zum einen sind es Wundsäfte von Bäumen, vor allem von Birken, an denen Ameisen gern lecken, zum anderen verzehren Ameisen die offensichtlich schmackhaften Anhängsel an den Samen zahlreicher Pflanzenarten. Da letztere die Samenanhängsel eigens für die Ameisen herstellen, um von ihnen verbreitet zu werden, nennt man sie „Ameisenpflanzen" (Myrmekochoren). Zu ihnen gehören so bekannte Pflanzen wie die Veilchen, der Lerchensporn und das Perlgras. Sie werden in Kap. 15 noch näher betrachtet werden.

Die einzige Vegetarierin unter unseren Ameisen ist die Ernteameise *Messor barbarus*. Sie ist im Mittelmeergebiet sehr verbreitet. Bei uns kommt sie nur an wenigen warmen Stellen im Rheinland vor. Bereits die Bibel erwähnt sie und stellt ihre Vorratswirtschaft den Menschen als Vorbild hin: „Gehe hin zur Ameise, du Fauler, betrachte ihre Weise und lerne! Obgleich sie keinen Fürsten noch Herrn hat, bereitet sie doch ihr Brot im Sommer und sammelt ihre Vorräte in der Ernte" (Sprüche Salomonis 6, 6).

Somit war schon vor fast 3 000 Jahren bekannt, daß die Ernteameisen Getreide-, Gräser- und andere Samen in ihr Nest eintragen (Abb. 20) und auf Vorrat lagern. Heute weiß man, daß sie in geringem Umfang auch kleine Insekten verzehren, daß aber ihre Hauptnahrung ein aus den Samen hergestelltes „Ameisenbrot" ist. Um dieses zu gewinnen, entfernen sie die Schale und kauen den Sameninhalt, wobei durch ein Sekret ihrer Lippendrüse Stärke in Zucker verwandelt wird. Es entsteht schließlich eine braune krümelige Masse, das „Ameisenbrot", das außer Stärke auch Eiweiß und Fett enthält. Es bildet die Nahrung sowohl der Larven als auch der erwachsenen Tiere. Bemerkenswert ist, daß bei den Ernteameisen die Arbeiterinnen im Gegensatz zu allen anderen Ameisen die Nahrung nicht untereinander austauschen.

Nun sind die unterirdischen Vorratskammern der Ernteameise ziemlich warm und feucht. Wie kommt es dann, daß die Samen dort monatelang lagern können ohne auszukeimen? Die Nachforschung ergab, daß die Arbeiterinnen aus einer Drüse eine keimhemmende Substanz ausscheiden und mit ihr die Keimstelle jedes Samens bestreichen. Die Wirkung dieser Substanz konnte man mit einem „Zwetschgenmustest" beweisen: man stellte 10 Gläser mit Pflaumen-(Zwetschgen-)Mus offen hin und bestrich bei 5 von ihnen die Musoberfläche mit dem Drüsensekret der Ernteameise. Bei diesen

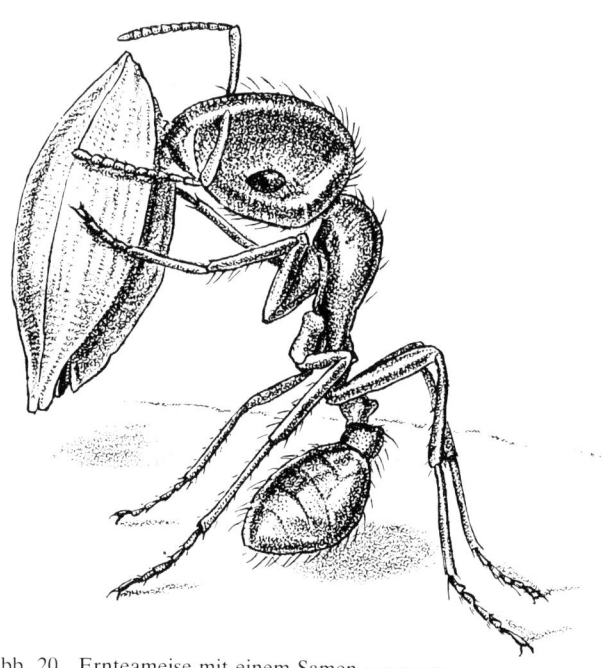

Abb. 20 Ernteameise mit einem Samen (nach GOETSCH)

Gläsern blieb der Inhalt monatelang frisch, während er bei den anderen schon nach wenigen Wochen verpilzt war. Auch hierin ging also die Ameise dem Menschen schon lange voraus. Unsere Chemiker entdeckten erst vor wenigen Jahrzehnten Keimhemmstoffe, die man vor allem bei gelagerten Kartoffeln anwendet. Die Ameisen haben solche Stoffe bereits vor Jahrmillionen entwickelt.

7. Hochzeit in den Wolken

Das Ameisenleben im Jahresverlauf

Nachdem wir in den vergangenen Kapiteln die Kasten, Nester, Berufe und Ernährungsverhältnisse der Ameisen kennengelernt haben, ist es an der Zeit, uns ein Bild vom Leben der Ameisen im Jahresverlauf zu machen. Wieder sollen hierbei die uns am besten bekannten Roten Waldameisen im Mittelpunkt stehen.

Wenn mit der Frühjahrswärme die tief im Boden liegenden Waldameisen aus ihrer Winterstarre erwachen, eilen sie zur Nestoberfläche, um sich zu sonnen und Wärme aufzutanken. Auch die Königin kommt zu dieser Zeit kurz ans Tageslicht. Diese „Sonnungsperiode" dauert aber nur wenige Tage, dann beginnt die Königin mit der Eiablage. Als erstes erzeugt sie Geschlechtstiereier.

Zu dieser frühen Jahreszeit ist draußen die Nahrung noch knapp. Die Ernährung der erwachsenen Ameisen und der ersten Larven stützt sich daher zunächst auf die Vorräte, die in den Kröpfen der im Herbst gemästeten Speichertiere lagern. Während die Brutpflegerinnen sich um die Eier und Larven der Geschlechtstiere bemühen, sind die Nestbauerinnen intensiv damit beschäftigt, den Kuppelbau und vor allem die Kammern und Gänge instandzusetzen. Ab Mitte April beginnen dann die Kammern sich mit den Eiern zu füllen, die zu Arbeiterinnen herangezogen werden.

Alle Eier werden von den Brutpflegerinnen mit einem klebrigen Drüsensekret bestrichen, um sie für den Transport zu Paketen vereinen zu können. Mit ihrem feinen Temperatursinn kontrollieren die Pflegerinnen die Wärme in den Eikammern und tragen, sobald die Temperatur sich vom optimalen Punkt entfernt, die Eipakete zu günstigeren Orten. Je nach Ameisenart dauert die Entwicklung der Eier zwischen 1 und 4 Wochen, bei unseren Roten Waldameisen etwa 2 Wochen. Dann sprengen die Larven die Eihüllen und beginnen ihre Entwicklung.

Die Ameisenlarven sind ohne Augen, Fühler und Beine und damit ganz auf die Fürsorge der Brutpflegerinnen angewiesen. Sie werden von diesen gereinigt, gefüttert und zu den Kammern mit der günstigsten Entwicklungstemperatur getragen. Von hungernden Larven gehen bestimmte Reize aus, welche die Brutpflegerinnen veranlassen, aus ihrem Kropf Nahrungsbrei hochzuwürgen und ihn den Larven in den Mund zu träufeln. Doch gibt es auch hiervon Ausnahmen: Bei einigen Ameisenarten, vor allem der Gattungen *Myrmica* und *Aphaenogaster*, werden größere Beutestücke oder gar Beutetiere in die Larvenkammern gebracht und die Larven an diese zur Fütterung angesetzt. Angesichts der guten Betreuung wachsen die Larven erstaunlich schnell heran: schon nach 8 Tagen sind sie erwachsen und reif zur Verpuppung. Die gewaltige Arbeit der Brutaufzucht wird dadurch wesentlich er-

Abb. 21   Querschnitt
durch ein Nest der Roten Waldameisen (nach ANDRÉ)

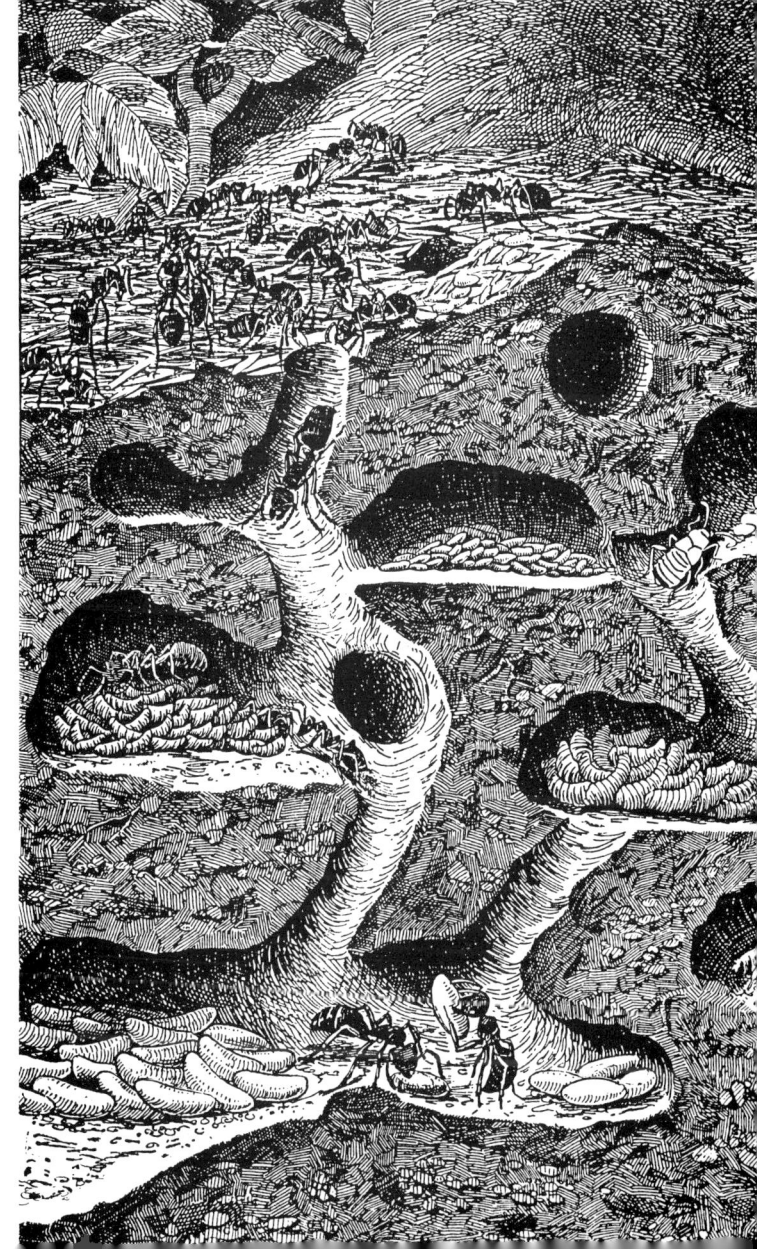

leichtert, daß jede Kammer nur ein bestimmtes Entwicklungsstadium enthält. Das Kammernsystem setzt sich somit aus Ei-, Junglarven-, Mittellarven-, Altlarven- und Puppenkammern zusammen (Abb. 21).
Die Puppe ist bei allen Höheren Insekten, zu denen auch die Ameisen zählen, ein Übergangsstadium zwischen der Larve und dem fertigen Insekt. Es ist äußerlich ein Ruhestadium, in dessen Innerem jedoch die größte Unruhe herrscht, denn hier werden die meisten Larvenorgane eingeschmolzen und die Organe des erwachsenen Tieres neu aufgebaut. Daher dauert die Puppenruhe auch länger als die ganze Larvenentwicklung, bei den Waldameisen rund 14 Tage.
Während bei den Ur- und den Knotenameisen die Puppen nackt sind, liegen sie bei den Drüsen- und fast allen Schuppenameisen in Gespinstkokons, die von den Larven kurz vor ihrer Verpuppung mit Hilfe einer Lippen-Spinndrüse gesponnen werden. Die spinnende Larve benötigt dabei als Ansatzpunkt für den Faden kleine Steinchen, da sie ja den Kokon nicht an ihrem Körper festspinnt. Sie erhält die Steinchen von den Brutpflegerinnen, die auch anderweitig den Larven beim Puppenspinnen behilflich sind. Im Volksmund werden die Puppenkokons der Ameisen meist fälschlich „Ameiseneier" genannt.
Auch die Puppen oder Puppenkokons werden von den Brutpflegerinnen gereinigt sowie hin- und hertransportiert, um ihnen die günstigste Entwicklungstemperatur zu bieten. Sobald im Kokon die Ameise aus der Puppe geschlüpft ist und sich aus dem Kokon herauszuarbeiten beginnt, leistet ihr wiederum eine Brutpflegerin

Hilfestellung. Die frischgeschlüpften Ameisen werden von den Pflegerinnen noch einige Tage lang gereinigt und gefüttert und sodann in den Arbeitsprozeß eingereiht.

Es war bei der Kastenbildung erwähnt worden, daß bei unseren Waldameisen aus den ersten Eiern, die von der Königin bereits Ende März, Anfang April in den oberen Nestregionen abgelegt werden, die Geschlechtstiere entstehen. Nach den genannten Entwicklungszeiten von Ei, Larve und Puppe (14, 8 und 14 Tage) verlassen somit Anfang Mai die geflügelten Männchen und Weibchen (junge Königinnen) die Puppenkokons und bereiten sich auf den Hochzeitsflug vor.

Der Hochzeitsflug ist im Leben der Ameisen ein großes Ereignis. Schon Tage zuvor herrscht im Nest große Aufregung. Die Geschlechtstiere laufen mit zitternden Flügeln umher, begleitet von zahlreichen Arbeiterinnen, die ihre Tätigkeiten eingestellt oder eingeschränkt haben. Sobald ein Geschlechtstier sich zu weit vom Nest entfernt, wird es von Arbeiterinnen zurückgeholt. Immer stärker wird der Drang der geflügelten Tiere, auf erhöhte Punkte an Grashalmen, Sträuchern u. a. zu gelangen (Abb. 22), bis sie sich schließlich von dort – wie auf Kommando – gemeinsam in die Luft erheben. Dieser Vorgang ist nicht auf ein Ameisennest beschränkt, sondern geht – wahrscheinlich koordiniert durch einen bestimmten Sonnenstand und eine bestimmte Witterung – in der ganzen Gegend gleichzeitig vor sich. Millionen von Geschlechtstieren aus vielen Nestern vereinigen sich zu immer dichter werdenden Wolken. In der Stadtchronik von Coburg heißt es: „Am

28. August 1865 rückte die Coburger Feuerwehr aus, weil Rauchsäulen vom Kirchturm aufstiegen. Der Eifer war aber umsonst, da die vermeintlichen Rauchwolken sich als fliegende Ameisen erwiesen." Bei diesem Coburger Hochzeitsschwarm kann es sich allerdings nicht um Rote Waldameisen gehandelt haben, da diese, wie wir soeben sahen, im Mai Hochzeit halten und außerdem auch nicht derartig große Wolken bilden. Es dürfte wohl eine *Lasius*-Art gewesen sein. Neuere Berichte finden sich z. B. in der „Naturkundlichen Chronik Nordwestdeutschlands" von F. HAMM (Landbuch-Verlag 1976) aus den Jahren 1953 und 1968 in Rotenburg/Kassel bzw. Wilhelmshaven.

Die Vereinigung der Geschlechtstiere einer Ameisenart aus der ganzen Gegend zu gemeinsamem Hochzeitsflug hat den biologischen Sinn, daß sich hierbei verschiedene Völker vermischen und die Inzucht zwischen Schwestern und Brüdern weitgehend vermieden wird. Während also die Angehörigen verschiedener Völker sich auf dem Erdboden bekämpfen, sind im Liebestaumel des Hochzeitsfluges alle feindlichen Gefühle ausgelöscht. Je ein Männchen umklammert fliegend ein Weibchen, um es zu begatten. Ob die Begattung in der Luft geschieht, oder ob beide Partner zum Erdboden taumeln und dort kopulieren, hängt vom Größenverhältnis zwischen beiden ab. Nur bei Ameisenarten, deren Königin wesentlich größer als das Männchen ist, bleiben die Paare in der Luft. Bei den roten Waldameisen sind beide Geschlechter etwa gleich groß, weshalb die Kopulation erst am Boden stattfindet. Dabei überträgt das Männchen Millionen von Geschlechtszellen

(Spermien) auf die Jungkönigin, die sie in ihrer Spermien-Vorratsblase aufbewahrt.

Ein Massenhochzeitsflug hoch in der Luft findet jedoch nicht bei allen Ameisenarten statt. Während er beispielsweise typisch für die Große Rote Waldameise *Formica rufa* ist, starten bei der nahe verwandten Kleinen Roten Waldameise *Formica polyctena* die Geschlechtstiere einzeln und über einen längeren Zeitraum verstreut und fliegen nur in Bodennähe. Nach dem Hochzeitsflug sterben die Männchen, während die befruchteten jungen Königinnen als erstes ihre Flügel abstreifen oder abbeißen. Dann begeben sie sich in der Regel auf die Suche nach einem geeigneten Standort zur Gründung eines neuen Staates. Die Staatengründung bei den Ameisen ist so vielseitig und interessant, daß ihr ein eigenes Kapitel (Kap. 8) gewidmet werden soll.

Kehren wir zurück zu unserem Waldameisenvolk, wo nach dem Abflug der Geschlechtstiere wieder Ruhe eingekehrt ist. Alles konzentriert sich nunmehr auf die Erzeugung von Arbeiterinnen. Damit erhöht der Staat in den folgenden Wochen und Monaten seine Einwohnerzahl bedeutend, was allein schon notwendig ist, um die Verluste auszugleichen, die seit der vorjährigen Vermehrungsperiode durch natürliche Sterblichkeit, Witterung und Feinde eingetreten sind. Die Vermehrung dauert bis zum August, dann beendet die Königin die Eiablage. Der Nahrungseintrag geht aber zunächst noch in vollem Umfang weiter, um noch die frisch geschlüpften Arbeiterinnen zu Speichertieren heranzufüttern.

Abb. 22 Männchen von *Formica polyctena* im Drang, erhöhte Punkte für den Start zum Hochzeitsflug zu erreichen

Von nun ab werden die Aktivitäten im Außen- und Innendienst immer schwächer. Im Laufe des Oktober verlagert sich die Bevölkerung mehr und mehr in tiefere Nestregionen, auch wenn einzelne Arbeiterinnen meist noch bis Anfang November, sofern nicht schon Schnee gefallen ist, auf der Nestoberfläche zu sehen sind. In unterschiedlicher Tiefe, bei einem großen Waldameisennest bis zu 2 Metern, verfallen die Arbeiterinnen mit ihrer Königin in den Winterschlaf. Der Jahreskreislauf ist damit geschlossen.

Interessant ist, daß bei einer Verwandten unserer Roten Waldameisen, der Blutroten Raubameise *Formica sanguinea,* die Überwinterung nicht im Erdnest unter der Nestkuppel stattfindet, sondern in einem meist zwischen Baumwurzeln gelegenen Winternest. Dieser periodische Nestwechsel hat zweifellos seinen Vorteil darin, daß das versteckt liegende Winternest den ameisenfressenden Tieren (mit denen sich das Kapitel 14 befassen wird) schwer zugänglich ist.

Wenn wir den Jahresablauf im Waldameisenstaat insgesamt betrachten, können wir somit 5 Phasen unterscheiden: Aktivierungs-, Fortpflanzungs-, Aufbau-, Speicher- und Ruhephase. Man kann diese Phasen zwar im Prinzip bei allen Ameisen erkennen, doch zeigen ihre Reihenfolge und Inhalte oft erhebliche Abweichungen. So findet der Hochzeitsflug vielfach nicht im Frühjahr, sondern erst im Sommer oder (zum Beispiel bei der Wiesenameise *Lasius flavus*) zweimal statt, im Frühjahr und im Sommer. Auch ist das Überwinterungsstadium verschieden. Während bei den Waldameisen nur die erwachsenen Tiere überwintern, findet man bei vielen Knotenameisen auch Larven in Winterstarre. Besonders starke Unterschiede zu dem geschilderten Jahresverlauf zeigen die Sklaven haltenden Ameisenarten, mit denen sich das übernächste Kapitel beschäftigen wird.

8. Königsmord

Gründung des Ameisenstaates

Die Hauptaufgabe der jungen Ameisen-Königinnen ist es, neue Staaten zu gründen. In zweiter Linie werden Jungköniginnen auch als Ersatz gestorbener oder zur

Ergänzung vorhandener Königinnen benötigt. So wird beispielsweise bei der polygynen (mit vielen Königinnen versehenen) Kleinen Roten Waldameise stets ein Teil der geschlüpften Jungköniginnen gleich im Nest von den eigenen Brüdern begattet und gar nicht zum Hochzeitsflug hinausgelassen oder auch nach dem Hochzeitsflug in das Nest zurückgenommen. Im allgemeinen jedoch macht sich die junge Königin nach dem Hochzeitsflug und nachdem sie ihre Flügel abgestreift hat, auf den Weg, um einen neuen Staat zu gründen. Je nachdem ob sie das allein fertigbringt oder ob sie dabei Hilfskräfte benötigt, unterscheidet man zwischen selbständiger und unselbständiger Staatsgründung.

Selbständige Staatsgründung

Bei den zur selbständigen Staatsgründung befähigten Ameisen gräbt die Jungkönigin an einer ihr geeignet erscheinenden Stelle – meist unter einem Stein oder einem Stück Holz – eine kleine Erdhöhle. Hier legt sie, abgeschirmt von der Außenwelt, eine Anzahl Eier ab, pflegt sie und füttert auch die daraus schlüpfenden Larven. Sie betätigt sich somit – was sie später nie mehr tut – als Nestbauerin, Eipflegerin, Larvenfütterin und Nahrungsbeschafferin. Wie erwirbt sie während dieser Zeit die Nahrung für sich und ihre Larven?

Wenn es sich um Ameisenarten mit großen Königinnen handelt, die in ihrem Körper reichlich Nahrungsvorräte speichern können (wie etwa die *Tapinoma*-, *Tetramorium*- oder *Camponotus*-Arten), bleibt die Jungkönigin ständig in ihrem Erdnest. Sie entnimmt dann die Nahrung für sich und ihre Brut dem eigenen Körper, indem

sie ihr Fettgewebe sowie auch die starke Flügelmuskulatur, die sie nun nicht mehr braucht, abbaut. Außerdem verzehrt sie meist einen Teil der von ihr abgelegten Eier, und nicht selten fressen auch die älteren Larven einige ihrer jüngeren Geschwister. Das alles reicht gerade so weit, daß einige Arbeiterinnen entstehen, die sich durch ihre geringe Größe deutlich von den später geborenen unterscheiden. Doch haben diese Kleinarbeiterinnen Kräfte genug, sofort alle Arbeiten im Gründungsstaat zu übernehmen, so daß die Königin sich nunmehr ganz auf ihre eigentliche Aufgabe, die Eiproduktion, beschränken kann. Man nennt das Ganze „selbständige Staatsgründung ohne Nahrungssuche".
Bei anderen Ameisenarten kann die relativ kleine Königin ihrem Körper keine Nahrungsstoffe entziehen, sondern sie ist gezwungen, die Erdhöhle öfter zu verlassen, um außerhalb nach Nahrung zu suchen. Man nennt daher diese Form der Staatsgründung, die besonders bei den Urameisen (Ponerinae) und den meisten *Myrmica*-Arten praktiziert wird, „selbständige Staatsgründung mit Nahrungssuche".
Bei beiden Formen selbständiger Staatsgründung kommt es vor, daß an einer günstigen Stelle zufällig mehrere Jungköniginnen derselben Art zusammentreffen. Sie kämpfen dann nicht gegeneinander, sondern gehen ihre Aufgabe gemeinsam an. Die Wissenschaft bezeichnet einen derartigen Zusammenschluß gleichartiger Königinnen zu einer Gründungsgemeinschaft als „Pleometrose" (griechisch „pleo" = mehrere). Das Ende der gemeinsamen Bemühungen ist unterschiedlich.

Es kann friedlich oder gewalttätig sein. Im ersten Fall, wie bei *Lasius flavus*, wird die junge Kolonie im Larven- oder Puppenstadium von den beteiligten Königinnen aufgeteilt. Im anderen Fall, wie bei *Lasius niger* oder den *Camponotus*-Arten, entscheidet ein Kampf darüber, welche Königin allein überlebt und die gemeinsam gegründete Kolonie übernimmt. Uns will der erste Weg als der gerechtere erscheinen, doch ist er, biologisch betrachtet, sicher der unterlegene, denn je stärker eine Jungkolonie ist, desto größer sind ihre Chancen zum Überleben.

Die selbständige Staatengründung in beiderlei Form birgt viele Gefahren. Die auf sich gestellten jungen Königinnen sind wehrlos ihren vielen Feinden vor allem unter den Vögeln, Kleinsäugern und Raubinsekten ausgesetzt. Zu letzteren gehören auch die Ameisen anderer Völker und Arten. Zwar sind die Gefahren für jene Königinnen geringer, die ihre Erdhöhle nicht verlassen, doch bieten auch die Höhlen keinen sicheren Schutz vor Spitzmäusen, Blindschleichen, Erdkröten und anderen wühlenden Insektenfressern. So kommt es denn, daß zwar Tausende junger Königinnen zur Staatsgründung ausziehen, aber nur sehr wenige ihr Ziel erreichen.

Unselbständige Staatsgründung

Bei einem erheblichen Teil unserer Ameisenarten ist die junge Königin bei der Staatsgründung auf Helferinnen angewiesen. Sie wählt als solche entweder gleichartige oder fremde Arbeiterinnen, in einem einzigen Fall auch fremde Königinnen.

Betrachten wir den letztgenannten Fall zuerst. Er kommt bei *Formica sanguinea* vor, die außerdem noch weitere Formen der Staatsgründung praktiziert, wie wir noch sehen werden. Wenn eine zur Staatsgründung entschlossene *sanguinea*-Jungkönigin zufällig auf eine Jungkönigin oder mehrere von *Formica fusca* trifft, die gerade dabei sind, eine Erdhöhle zwecks Staatsgründung zu graben, bezieht sie einfach mit ihnen zusammen diese Höhle und legt darin auch ihre Eier mit ab. Sie ist stärker als die *fusca*-Königinnen und kann sich daher neben diesen behaupten. Die *fusca*-Königinnen pflegen und füttern nun sowohl die eigenen als auch die *sanguinea*-Eier und -Larven. „Zum Dank" beißt die *sanguinea*-Königin den *fusca*-Königinnen den Kopf ab, sobald die ersten eigenen Arbeiterinnen geschlüpft sind. Man nennt einen solchen Zusammenschluß von Königinnen verschiedener Ameisenarten zu gemeinsamer Staatsgründung „Allianz", was sicher kein sehr guter Name ist. Denn unter „Allianz" versteht man beim Menschen ein Bündnis zu gegenseitigem Vorteil. Für die *fusca*-Königinnen und ihre Brut gibt es aber keinen Vorteil, sondern nur den gewaltsamen Tod. *Formica sanguinea* bedient sich bei dieser Form der Staatsgründung wie auch bei ihren anderen Formen, die wir noch betrachten werden, ausschließlich der verwandten, schwächeren *Formica fusca*.

Bei allen anderen Ameisenarten mit unselbständiger Staatsgründung werden die Jungköniginnen von Arbeiterinnen unterstützt, die entweder der gleichen Art wie sie selbst oder, merkwürdigerweise, anderen Ameisenarten angehören.

Was zunächst die Hilfe durch artgleiche Arbeiterinnen betrifft, so kann sie wiederum in zwei verschiedenen Formen gewährt werden. Die erste besteht in einer Adoption der Jungkönigin: während ihres Außendienstes stoßen Arbeiterinnen auf eine umherlaufende Jungkönigin ihrer eigenen Art, scharen sich um sie und ziehen gemeinsam mit ihr aus, um einen neuen Staat zu gründen. Wie die Arbeiterinnen dazu kommen, ihre gewohnte Tätigkeit aufzugeben und sich der Jungkönigin anzuschließen, und wie sie erkennen, daß diese begattet ist (denn eine unbegattete wird nicht adoptiert), bleibt vorläufig ein Rätsel.

Die zweite Form der Hilfe – noch einfacher und sicherer – besteht in der Nestteilung: bei Staaten mit vielen Königinnen zieht eine Anzahl Jungköniginnen mit je einem kleinen Teil der Arbeiterinnen aus und gründet neue Staaten. Diese Form finden wir zum Beispiel bei *Cremastogaster*- und *Plagiolepis*-Arten, *Manica rubida*, *Monomorium pharaonis* und einigen *Formica*-Arten. Oft bleibt, wie bei unserer Kleinen Roten Waldameise, der neue Staat als Teilstaat mit dem alten verbunden (Zweignestbildung). Wenn man im Walde mehrere Ameisenhügel in geringer Entfernung voneinander sieht, handelt es sich zumeist um solche Teilstaaten (Abb. 23). Ihre engen Beziehungen zueinander können mit radioaktiv markierter Zuckerlösung nachgewiesen werden, die man an einem der Nester hinstellt: Zunächst zeigt das Meßgerät an, daß nur in diesem Nest die Zuckerlösung verteilt wird; wenige Tage später kann man dann die markierte Nahrung auch in den umliegenden Nestern nachweisen.

Die soeben betrachteten Formen der Staatsgründung mit eigenen Arbeiterinnen sind einleuchtend. Wie soll man sich jedoch vorstellen, daß fremde Arbeiterinnen dabei mithelfen? Wenn man bedenkt, daß es das Hauptziel aller Lebewesen ist, die eigene Art fortzupflanzen, erscheint jede Hilfe bei der Fortpflanzung fremder Arten absurd. Und sie ist auch nirgendwo im Tierreich verwirklicht außer bei den Ameisen.

Der Trick auffallend vieler Ameisenarten, das Unmögliche möglich zu machen, besteht darin, daß die Jungkönigin in das Nest einer anderen Ameisenart eindringt, die dortige Königin tötet und sich selbst an ihre Stelle setzt. Da sie sich von dem ganzen Volk bedienen läßt, also ein Parasit dieses Volkes ist, hat man hierfür das Wort „Sozialparasitismus" geprägt. Es ist schon verwunderlich, daß ein seiner Königin beraubtes Volk die neue Königin anerkennt und bedient. Zum wesentlichen Teil beruht das sicher darauf, daß die neue Königin den Nestgeruch annimmt. Die Rolle der Geruchsmarkierung bei den Ameisen wird uns im Kapitel 10 näher beschäftigen.

Die Folge eines solchen „Staatsstreiches" ist ein zeitweise gemischtes Volk. Die neue Königin produziert in zunehmendem Maße ihre Arbeiterinnen, während jene des Hilfsvolkes keinen Nachschub mehr erhalten und allmählich aussterben. Bis zu diesem Zeitpunkt leben zwei Ameisenarten in einem gemischten Volk zusammen. Somit ist der im Dienste der Staatsgründung stehende Sozialparasitismus zeitlich begrenzt (temporärer Sozialparasitismus). Wir werden im folgenden Kapitel sehen, daß es außerhalb der Staatsgründung auch einen dauernden (permanenten) Sozialparasitismus bei Ameisen gibt.

Das Eindringen in ein fremdes Nest zum Zweck der sozialparasitischen Staatsgründung ist allerdings eine gefährliche Sache, denn die Nestbewacherinnen kennen bei fremden Ameisen kein Pardon. Die Mittel, mit denen die Jungköniginnen dennoch, wenn auch in geringem Prozentsatz, ihr Ziel erreichen, sind Gewalt, List oder Wendigkeit.

Mit Gewalt versuchen es einige *Formica*-Arten, darunter unsere Große Rote Waldameise *Formica rufa*. Sie wählen als Hilfsameisen bestimmte andere *Formica*-Arten mit selbständiger Staatsgründung, die man daher zur Untergattung *Servi*-(also „Hilfs"-)*formica* zusammenfaßt. Die bekannteste davon ist *Formica fusca*. Wenn eine *rufa*-Jungkönigin ein *fusca*-Nest entdeckt hat, versucht sie, mit Gewalt in dieses einzudringen. Oft unterliegt sie dabei der Übermacht der Wächterinnen, in manchen Fällen aber erreicht sie ihr Ziel. Es war eine Überraschung, als man in jüngerer Zeit entdeckte, daß unsere bekannte Große Waldameise diesen komplizierten Weg zur Staatsgründung wählt.

Mit einer raffinierten List schafft es dagegen *Lasius umbratus*, bei ihren Hilfsameisen *Lasius niger* oder *alienus* einzudringen. Am fremden Nest angelangt, ergreift die *umbratus*-Jungkönigin zunächst eine Arbeiterin der Hilfsameisenart, tötet sie und reibt ihren Körper mit jenem der Toten ab. Dadurch erhält sie deren Nestgeruch, der es ihr nunmehr erlaubt, leichter in das Nest einzudringen. Dort scheidet sie ein besonderes Drüsensekret aus, das von den Arbeiterinnen abgeleckt

Abb. 23   Zweignester von *Formica polyctena*

wird und deren Verhalten derart umstimmt, daß sie selbst (!) ihre Königin umbringen.

Eine andere List wendet die *Bothriomyrmex*-Jungkönigin an, um sich in das Nest ihrer Hilfsameisen aus der Gattung *Tapinoma* einzuschleichen: sie stellt sich tot und läßt sich von *Bothriomyrmex*-Arbeiterinnen als scheinbare Beute ins Nest tragen. Dort dringt sie, inzwischen mit dem Nestgeruch behaftet, zur Königin vor, steigt ihr auf den Rücken und sägt ihr mit den Mandibeln den Kopf ab.

Ihrer Wendigkeit verdankt es dagegen die Jungkönigin der erst in jüngster Zeit in Niederösterreich entdeckten *Lasius reginae*, in das Nest ihrer Hilfsameise *Lasius*

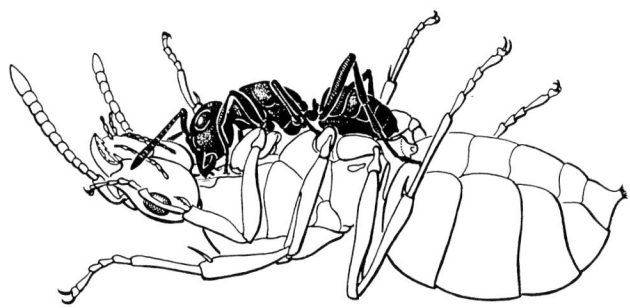

Abb. 24 *Lasius-reginae*-Königin beißt einer *Lasius-alienus*-Königin die Kehle durch (nach FABER aus DUMPERT)

alienus einzudringen. Sie ist kleiner und flinker als die Hilfsameisen. Und obgleich sie auch viel kleiner als die *alienus*-Königin ist, bringt sie es fertig, diese auf den Rücken zu werfen und ihr die Kehle durchzubeißen (Abb. 24).

Es wurde schon erwähnt, daß die Blutrote Raubameise *Formica sanguinea* in ihrer Staatsgründung besonders vielseitig ist. Genannt wurde bereits das als „Allianz" bezeichnete Schmarotzen der *sanguinea*-Jungkönigin bei selbständig ihren Staat gründenden *fusca*-Königinnen. Viel häufiger aber dringt sie in eine *fusca*-Kolonie ein und tötet die dortige Königin. Ihre dritte Form der Staatsgründung besteht darin, nach dem Eindringen in ein *fusca*-Nest nicht die Königin umzubringen, sondern eine Anzahl Puppen zu rauben und mit Hilfe der daraus schlüpfenden Arbeiterinnen ihren Staat zu gründen.

Man vergleiche einmal, wie einfach und jeweils gleichförmig unsere anderen staatenbildenden Insektengruppen ihre Staaten gründen (bei Wespen und Hummeln überwintern begattete Jungköniginnen einzeln in Verstecken und gründen im Frühjahr selbständig neue Staaten; bei den Honigbienen zieht die alte Königin mit einem Teil des Volkes aus und macht der jungen Königin Platz). Die vielfältigen und komplizierten Methoden, die unsere Ameisen bei der Staatsgründung anwenden, müssen dann aufs höchste verwundern.

9. Der Sklavenraub der Amazonen

Dauernder Sozialparasitismus

Mit den soeben betrachteten parasitischen Staatengründungen ist der Gipfel der ungewöhnlichen Verhaltensweisen bei Ameisen noch nicht erreicht. Die Erscheinungsformen des dauernden (permanenten) Sozialparasitismus setzen allem die Krone auf. Nicht wenige unserer Ameisen bedienen sich fremder Hilfe nicht nur bei der Gründung ihrer Staaten, sondern auch bei allen anderen Tätigkeiten. Sie leben also dauernd auf Kosten ihrer Hilfsameisen. Man kann dabei zwei Gruppen unterscheiden. Die erste beschafft sich Hilfsameisen durch Raubzüge, und da das an die ehemalige Sklavenbeschaffung und -haltung des Menschen erinnert, hat man die geraubten Hilfsameisen-Arbeiterinnen „Sklavinnen" genannt. Die Ameisen der anderen Gruppe umgehen die mühsame und immer wiederholte Beschaffung von Sklavinnen, indem sie sich in ein

Hilfsvolk hineindrängen und dauernd bei ihm leben. Wir wollen die erste Gruppe „Sklavenräuber" und die zweite „Dauerparasiten" nennen.

Sklavenräuber

Unter den mitteleuropäischen Ameisen unternehmen 5 Arten aus 4 verschiedenen Gattungen regelmäßige Sklavenraubzüge. Zwei dieser Arten, die Blutrote Raubameise *Formica sanguinea* und die Braune Raubknotenameise *Harpagoxenus sublaevis*, können auch ohne Sklavinnen leben und tun dies manchmal. Sie verwenden die Sklavinnen also nur zur Erleichterung ihrer Arbeit. Ihre Arbeiterinnen führen alle Tätigkeiten zusammen mit den Sklavinnen aus. Damit kommt die Lebensweise beider Arten der ehemaligen Sklavenhaltung des Menschen am nächsten, der ja ebenfalls auf seine Sklaven und Sklavinnen nicht unbedingt angewiesen war. Dagegen sind die drei anderen Ameisenarten ohne Hilfe der geraubten Sklavinnen nicht lebensfähig, weil sie nicht mehr imstande sind, ohne Hilfe Nahrung zu sich zu nehmen.

Die von *Formica sanguinea* mehrmals im Jahr durchgeführten Sklavenraubzüge gehen so vor sich, daß ein großer Trupp *sanguinea*-Arbeiterinnen in ein Nest von *Formica fusca* eindringt (die ausschließlich als Hilfsameise dient) und einen Teil der *fusca*-Puppen raubt. Die körperlich unterlegenen *fusca*-Arbeiterinnen sind dabei machtlos. Im *sanguinea*-Nest werden die aus den geraubten Puppen schlüpfenden *fusca*-Arbeiterinnen als „Sklavinnen" in den Arbeitsprozeß eingereiht. Je älter und stärker ein *sanguinea*-Volk ist, desto geringer ist sein Bedarf an Sklavinnen. Schwache junge Völker bestehen noch etwa zur Hälfte, starke alte Völker dagegen nur mehr zu wenigen Prozent aus Sklavinnen. Auch die zweite Art der ohne Sklavinnen lebensfähigen Sklavenräuber, *Harpagoxenus sublaevis*, raubt regelmäßig fremde Puppen, und zwar jene von *Leptothorax*-Arten. Dabei kommt es meistens zu heftigen Kämpfen, bei denen die Nestverteidigerinnen aber unterliegen, weil ihnen die Sklavenräuberinnen mit ihren besonders scharfrandigen Mandibeln die Beine und Fühler abschneiden.

Bei den drei völlig auf ihre Sklavinnen angewiesenen Ameisenarten unserer Fauna handelt es sich um *Polyergus rufescens* und zwei *Strongylognathus*-Arten. Bei allen dreien sind die Mandibeln zu säbelförmigen Waffen umgebildet, die zu keiner anderen Arbeit als zum Kampf taugen. Daher müssen sie sich von ihren Sklavinnen ernähren lassen. Ihr Staatsleben beschränkt sich auf Sklavenraub und Erzeugung von Nachkommen, alles andere besorgen die Sklavinnen.

Die bekannteste Vertreterin dieser Gruppe ist die Amazonen-Ameise *Polyergus rufescens*. Sie erhielt ihren Namen nach dem kriegerischen Frauenvolk der Amazonen, von dem die griechischen Heldensagen berichten, es hätte einst im südlichen Rußland, am Ufer des Schwarzen Meeres, gelebt und sei nur an einem Tag im Jahr mit Männern zusammengekommen, um Kinder zu zeugen. Von diesen seien dann die Knaben ausnahmslos getötet worden.

Die Amazone raubt ihre Sklavinnen bei einigen *Formica*-Arten, hauptsächlich bei *Formica fusca*. Ihre Skla-

venjagden sind besonders eindrucksvoll und mehrfach beschrieben worden, erstmalig von LATREILLE, 1805, dem Entdecker dieser Ameise. Er gab ihr aufgrund ihres Verhaltens auch den Namen *Polyergus*, was soviel heißt wie „viele Kriegszüge veranstaltend". Wenn die *Polyergus*-Arbeiterinnen zur Sklavenjagd ausziehen, tun sie das in geschlossener Formation. Wie auf Kommando stürzen sie sich in unvergleichlicher Raschheit in die Eingänge des fremden Nestes und kommen in weniger als einer Minute aus den Löchern wieder hervor, beladen mit Eiern, Larven und Puppen. Sie rauben also auch die Eier und Larven und lassen sie bei sich zu Hause von ihren Sklavinnen aufziehen. Zwar wehren sich die überfallenen Ameisen so gut es geht, doch sind sie den dolchförmigen Mandibeln der Amazonen nicht gewachsen. Wer nicht zurückweicht, wird von ihnen durchbohrt. Die Zahl solcher Raubzüge kann erheblich sein. In einem Fall wurde beobachtet, wie ein Amazonenvolk in 33 Tagen 44 Raubzüge unternahm. Im *Polyergus*-Nest ist die Zahl der Sklavinnen stets etwa fünfmal größer als die der Herrinnen.
Zwei der drei mitteleuropäischen *Strongylognathus*-Arten, *alpinum* und *huberi*, gehen sogar noch weiter als die Amazonen. Sie begnügen sich nicht mit einem Teil der Brut des überfallenen Volkes, sondern schleppen alles, was nach dem anfänglichen Kampf noch lebt, mit nach Hause: Eier, Larven, Puppen und Arbeiterinnen. Nur die Geschlechtstiere werden getötet. Überfallen wird von ihnen die häufige Rasenameise *Tetramorium caespitum*. Der Überfall erfolgt von unten: die Sklavenräuber dringen aus unterirdischen Gängen in den Nest-

bereich der Rasenameise ein. Erstaunlich ist, daß sich auch Sklavinnen am Überfall mit beteiligen und somit Angehörige ihrer eigenen Art töten oder verschleppen.

Dauerparasiten

Den Gipfel der „Raffinesse" erreichen jene Ameisenarten, die es gar nicht mehr nötig haben, sich immerfort Sklavinnen zu beschaffen, sondern die gleich das ganze Hilfsvolk mitsamt deren Nest in Besitz nehmen und in ihrem Sinne umfunktionieren. Allen diesen Arten ist gemeinsam, daß ihre Arbeiterinnen-Kaste entweder degeneriert und zu eigener Nahrungsaufnahme unfähig ist oder, in den meisten Fällen, sogar ganz fehlt. Die letzteren Ameisenarten bestehen also nur mehr aus Geschlechtstieren.

Nach der Form dieses Dauerparasitismus lassen sich drei Ameisengruppen unterscheiden: Die erste Gruppe tötet die Hilfsvolkköniginnen, die zweite setzt sich an die Stelle einer gestorbenen Königin und die dritte läßt die Hilfsvolkköniginnen am Leben. Wir wollen die erste Gruppe Meuchelparasiten, die zweite Ersatzparasiten und die dritte Bettelparasiten nennen. Zweifellos sind die zuletzt genannten die „klügsten", denn die am Leben bleibenden Hilfsköniginnen produzieren ständig Nachschub an Arbeiterinnen, wodurch die Existenz des Bettelparasiten viele Jahre gesichert ist. Dagegen gehen die Meuchel- und Ersatzparasiten in wenigen Jahren zusammen mit ihrem Hilfsvolk, dem es an Nachschub fehlt, zugrunde.

Als Meuchelparasiten treten in Mitteleuropa zwei *Epimyrma*-Arten auf. Beide besitzen noch Arbeiterinnen, die aber von den Hilfsameisen der Gattung *Leptothorax* ernährt werden müssen. Bei der ersten Art, *Epimyrma goesswaldi*, sucht die Jungkönigin ein Volk von *Leptothorax unifasciatus* auf; diese Art ist monogyn, besitzt also nur eine Königin. Nachdem die *goesswaldi*-Jungkönigin sich Eingang in das *unifasciatus*-Nest verschafft hat, wobei sie durch Streicheln mit den Fühlern die Nestwächterinnen beschwichtigt, springt sie der *unifasciatus*-Königin auf den Rücken und erwürgt sie mit ihren kräftigen Mandibeln. Sie wird daraufhin von den Hilfsvolk-Arbeiterinnen als neue Königin anerkannt.

Unser zweiter Meuchelparasit, die erst in jüngerer Zeit in der Schweiz entdeckte *Epimyrma stumperi*, hat es insofern schwerer, als ihr Hilfsvolk *Leptothorax tuberum* mehrere Königinnen besitzt, die alle getötet werden müssen. Um zunächst in das *Leptothorax*-Nest zu gelangen, greift die *Epimyrma*-Jungkönigin zu einem raffiniert anmutenden Trick: Sie packt außerhalb des Nestes eine Hilfsvolk-Arbeiterin, stellt sich rittlings über sie und bürstet mit den Haarbürsten ihrer Vorderbeine zuerst die Arbeiterin ab und anschließend sich selbst damit ein, so daß sie den Nestgeruch annimmt. Im Nestinneren wirft sie dann eine Königin nach der anderen auf den Rücken und beißt ihr die Kehle durch. Trotz ihrer scharfen Mandibeln scheint das eine schwere Arbeit zu sein, da sie oft mehrere Stunden zur Tötung einer Königin benötigt. Es ist daher auch schon beobachtet worden, daß ihre Kräfte zur Vernichtung aller Königinnen nicht ausreichen und sie an Erschöpfung starb.

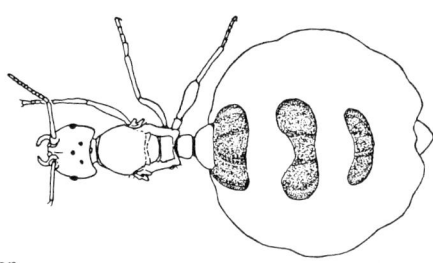

Abb. 25 Königin von *Anergates atratulus*

Die Gruppe der **Ersatzparasiten** ist in unserer Ameisenfauna nur durch eine Art, *Anergates atratulus* vertreten. Bei ihr ist alles degeneriert: die Arbeiterinnen-Kaste fehlt gänzlich, und beide Geschlechtstier-Kasten sind mißgebildet und hilflos. Das Männchen ist sonderbar larvenähnlich gestaltet, und die Jungkönigin erhält nach der Befruchtung einen unförmig aufgeblähten Leib (Abb. 25). Bei beiden Geschlechtern sind außerdem die Mundgliedmaßen rückgebildet, so daß sie ernährt werden müssen. Die Männchen begatten die Jungköniginnen, also ihre Schwestern, bereits im Nest. Letztere sind geflügelt und suchen nach der Begattung Völker der monogynen Rasenameise *Tetramorium caespitum* auf, um von ihnen adoptiert zu werden. Nie ist beobachtet worden, daß die *Anergates*-Jungkönigin die *Tetramorium*-Königin tötet, dazu wäre sie auch viel zu schwach. Ebensowenig wurde aber beobachtet, daß beide Königinnen zusammen in einem *Tetramorium*-Nest leben. Man findet die *Tetramorium*-Völker entweder mit ihrer angestammten Königin oder, was natürlich seltener vorkommt, mit einer *Anergates*-Königin.

Daraus ist zu schließen, daß die *Anergates*-Königin nur dann von einem *Tetramorium*-Volk adoptiert und als Ersatz-Königin eingesetzt wird, wenn gerade die angestammte Königin gestorben ist. Von einem wirklichen Ersatz kann dabei natürlich nicht die Rede sein, da die neue Königin nur für ihre eigene Arterhaltung sorgt.

Wer vielleicht meint, daß die Wahrscheinlichkeit, auf ein königin-loses *Tetramorium*-Volk zu stoßen, verschwindend gering sei, sollte bedenken, daß die Rasenameise unsere häufigste Ameisenart ist. Wieder einmal lassen uns die Ameisen staunen: Die in ihrer Existenz am stärksten gefährdete Parasitenameise sucht sich als Wirt unsere verbreitetste Ameisenart aus, die ihr die größten Überlebenschancen bietet. Wie gelangt nun die hilflose *Anergates*-Jungkönigin in ein *Tetramorium*-Nest? Sie stellt sich tot und wird als Beute mit ins Nest getragen. Dabei nimmt sie den Nestgeruch an. Ob dann allerdings eine Adoption stattfindet, darüber entscheidet das Fehlen oder Vorhandensein einer *Tetramorium*-Königin.

Die B e t t e l p a r a s i t e n schließlich, die das Leben der Hilfsvolk-Königinnen schonen, bilden mit 6 mitteleuropäischen Arten die umfangreichste Gruppe der Dauer-Sozialparasiten. Davon besitzt eine Art noch Arbeiterinnen, die anderen 5 sind arbeiterinnenlos.

Der Bettelparasit, der noch eine Arbeiterinnen-Kaste aufweist, ist *Strongylognathus testaceus*, eine der 3 einheimischen Säbelameisen, die mit ihren schmalen, spitzen Mandibeln nicht mehr selbst Nahrung aufnehmen und Brut aufziehen können. Im Gegensatz aber zu ihren zwei Gattungsgenossinnen *alpinus* und *huberi*,

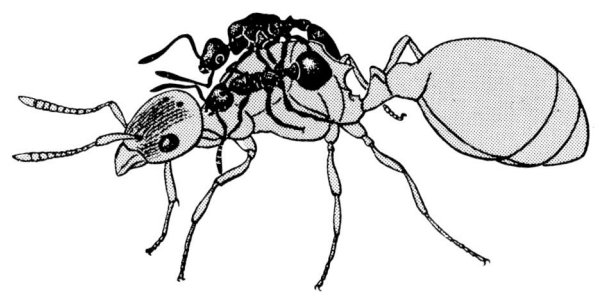

Abb. 26 Zwei *Teleutomyrmex-schneideri*-Jungköniginnen reiten auf einer *Tetramorium-caespitum*-Königin (nach LINSENMAIER, verändert)

die wir bereits als Sklavenräuber kennenlernten, hat *testaceus* einen gewaltfreien Weg der Ausnützung von Hilfsvölkern gewählt: Die Jungkönigin dringt in ein *Tetramorium-caespitum*-Nest ein und läßt die dortige Königin am Leben. Welches Mittel sie anwendet, um im Nest aufgenommen zu werden, ist noch unbekannt. Nachdem sie vom Hilfsvolk als die zweite Königin akzeptiert worden ist, produziert die Hilfsvolk-Königin eigenartigerweise keine Geschlechtstiere mehr, sondern legt ausschließlich Eier ab, aus denen Arbeiterinnen entstehen. Damit dient sie nur noch der Erhaltung des Bettelparasiten und nicht mehr der eigenen Art.

Von den 5 arbeiterinnenlosen Ameisenarten des Bettelparasitentyps sollen hier nur drei beschrieben werden. Die hochalpine *Teleutomyrmex schneideri* lebt gleichfalls mit der Rasenameise *Tetramorium caespitum* zusammen, aber in einer besonders merkwürdigen Form: Die Parasiten-Jungköniginnen reiten auf dem

Rücken der *Tetramorium*-Königinnen oder -Arbeiterinnen und lassen sich dort oben füttern (Abb. 26). In Anpassung an diese Lebensweise ist ihr Hinterkörper tellerartig platt und fest an den Körper des „Reittieres" angeschmiegt. Außerdem haben sie Haftblasen an den Füßen, mit denen sie sich festsaugen. Sie werden offenbar reibungslos von den Hilfsvölkern adoptiert, weil sie ein Drüsensekret ausscheiden, das die Hilfsameisen gierig auflecken. Hier könnte man bereits von einer Symbiose, einem Zusammenleben zu gegenseitigem Vorteil, sprechen: *Teleutomyrmex* läßt sich ernähren und gibt *Tetramorium* dafür ein schmackhaftes Sekret. Unter den *Plagiolepis*-Arten, die zu den kleinsten einheimischen Ameisen gehören und oft nur wenig mehr als 1 mm lang sind, gibt es zwei Bettelparasiten: *ampeloni* und *xene*. Sie schmarotzen bei anderen *Plagiolepis*-Arten, so daß sie nur bei näherer Untersuchung unter diesen erkannt werden können. Bezüglich ihrer Adoption gehen sie aber verschiedene Wege. Die *xene*-Jungkönigin wartet vor dem Hilfsvolk-Nest, bis einige Hilfsvolk-Jungköniginnen in Begleitung von Arbeiterinnen aus dem Nest ausziehen, um in der Nähe ein Zweignest zu gründen. Sie schließt sich diesem Trupp an und zieht mit in das Zweignest ein, nachdem sie auf dem Wege dorthin den Nestgeruch erworben hat. Dagegen wählt die *ampeloni*-Jungkönigin den Weg zum Wirtsvolk über den Müllplatz. An jener Stelle außerhalb des Nestes, wohin die Nestreinigerinnen die Abfälle schaffen, nähert sich ihnen die *ampeloni*-Königin. Es kommt zum Kontakt und Erwerb des Nestgeruchs und schließlich zur Adoption.

Man steht angesichts des Sozialparasitismus der Ameisen fassungslos vor dem, was sich die Natur hier hat einfallen lassen, und man fragt sich, warum alle diese hochkomplizierten Verhaltensweisen nur bei den Ameisen, und nicht auch bei anderen staatenbildenden Insekten sich entwickelten.

10. Die Rote Waldameise ist rotblind

Sinnesorgane, Gedächtnis und Orientierung

Bei Mensch und Tier wird die Verbindung mit der Umwelt von den Sinnesorganen hergestellt. Diese nehmen die Umweltreize auf und geben sie an das Nervensystem ab, das sie wiederum in den meisten Fällen zur Zentrale, dem Gehirn leitet. Hier werden sie in Empfindungen umgesetzt. Alle höher entwickelten Tiere, darunter auch die Ameise, sowie der Mensch, besitzen die Fähigkeit, die gewonnenen Empfindungen im Gehirn zu speichern und sie bei passenden Gelegenheiten, etwa bei der Orientierung im Gelände, abzurufen. Man nennt die gespeicherten Empfindungen „Erinnerungen" oder „Erfahrungen", die Fähigkeit, sie aufzubewahren, „Gedächtnis" und das Vermögen, sie bei künftigen Handlungen zu verwenden, „Lernvermögen". Es überrascht nicht, daß das am höchsten stehende Lebewesen, der Mensch, den Ameisen im Bereich der Gedächtnisleistungen überlegen ist, doch ist es überraschend, daß er ihnen im Bereich der Sinnesleistungen zum Teil erheblich unterlegen ist, wie wir sogleich sehen werden.

Sinnesorgane

Die Ameisen verfügen über Geruchs-, Tast-, Geschmacks-, Licht-, Schwere-, Gleichgewichts-, Temperatur-, Luftströmungs- und Hör-Sinnesorgane. Sie stehen damit bezüglich der Zahl der Sinne dem Menschen nicht nach, sondern übertreffen ihn sogar mit dem Besitz eines Luftströmungssinns.

In der vorstehenden Aufzählung sind der Geruchs- und der Tastsinn an die Spitze gestellt worden, weil sie von besonders großer Bedeutung für die Ameisen sind und hier in eigenartiger Weise zusammenwirken. Die weitaus meisten Geruchs- und Tastsinneszellen liegen bei den Ameisen in den Fühlern (Abb. 27) und bilden dort eine Funktionseinheit: den „Tastgeruch". Von seiner Wirkungsweise erhalten wir einen Begriff, wenn wir uns vorstellen, wir würden mit unseren Fingerspitzen zugleich tasten und riechen können. Der Tastgeruch ist vor allem für die Ameisen im Nestinneren von größter Bedeutung. Mit seiner Hilfe können sie im Dunkeln des Nestes ihre Gefährtinnen und die Eier, Larven und Puppen rasch unterscheiden sowie auch ihre vielseitigen Innentätigkeiten verrichten. Die Funktion der Fühler geht aber über das Tasten und Riechen erheblich hinaus. Auf nur 2 mm Länge enthält jeder Fühler etwa 3 000 Sinneszellen, die meisten davon zum Riechen und Tasten, doch nicht wenige auch zum Schmecken

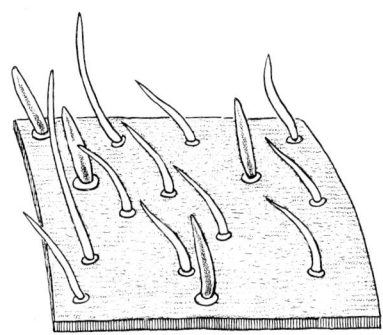

Abb. 27   Teil der Oberfläche eines Ameisenfühlers mit Sinneshaaren und -kegeln

sowie zur Messung der Temperatur und der Luftströmung.

Wenn man eine Ameise mit einem Geschmacksstoff am Fühler berührt, bewegt sie eifrig ihre Zunge und die Mandibeln als Zeichen, daß sie normalerweise die Speise zuerst mit dem Fühler kostet und sodann mit dem Mund ergreift. Ihr Geschmackssinn ist, wie Versuche zeigen, dem des Menschen haushoch überlegen. Unser Geschmack ist ein „armer Sinn", der nur ganze 4 Geschmacksqualitäten zu unterscheiden vermag: süß, sauer, bitter und salzig. Alle die anderen vielfachen Geschmacksempfindungen, die uns, wie wir glauben, unsere Zunge vermittelt, gehen in Wirklichkeit auf das Konto unseres Geruchssinns. In der Nasenschleimhaut werden die Geruchsstoffe gelöst und sodann über die Nasen-Rachen-Verbindung unserem Geschmackssinn zugeleitet. Das erkennt man leicht, wenn man einen starken Schnupfen hat. Der Geruch fällt dann aus, und wir schmecken nichts weiter als eben süß, sauer, bitter oder salzig. Während also die Ameise einen kombinierten Geruchs-Tastsinn hat, besitzt der Mensch einen kombinierten Geruchs-Geschmackssinn.

Auch in der Messung von Temperaturunterschieden macht uns die Ameise etwas vor, denn sie kann Differenzen von ¼° C wahrnehmen. Diese ausgeprägte Temperaturempfindlichkeit kommt vor allen den Brutpflegerinnen zugute, die – wie wir sahen – bei der geringsten Abweichung der Kammertemperatur vom Optimum die Eier, Larven und Puppen in besser temperierte Kammern verlagern.

Über die gleichfalls in den Fühlern der Ameise festgestellten Sinneszellen zur Registrierung der Luftströmung wissen wir noch sehr wenig. Sie sind natürlich für die fliegenden Geschlechtstiere von besonderer Bedeutung.

Wie merkt die Ameise, wo oben und unten ist und ob ihr Körper sich in der Gleichgewichtslage befindet? Beim Menschen gibt hierüber das sogenannte Labyrinth-Organ in der Ohrregion Auskunft. Bei der daraufhin näher untersuchten Kleinen Roten Waldameise fand man Borstenfelder in den Gelenken der Fühler, des Halses und der Beine. Die Borsten werden je nach Stellung der Gelenke (das heißt: nach Lage des Körpers) verschieden stark gereizt und übermitteln die Reize dem Nervensystem.

Schon vor mehr als hundert Jahren wurden bei den Urameisen und vielen Knotenameisen Schrillorgane entdeckt: waschbrettähnliche Rippen an der Körperunterseite, über die eine Kante des davor liegenden Körperringes gerieben wird. Die dabei entstehenden hohen Töne sind bei einigen *Myrmica*-Arten für das menschliche Ohr gerade noch hörbar. Nähere Untersuchungen zeigten, daß der größte Teil der Töne im Ultraschall-Bereich, also außerhalb unseres Hörvermögens liegt. Doch kann er heute mit modernen Geräten für uns hörbar gemacht werden. Überraschend war nun aber, daß diese Schrillgeräusche offenbar gar nicht durch die Luft als Schallwellen zu den Ameisen dringen, sondern in Form von Erschütterungen (Vibrationen) des Untergrundes aufgefangen werden. Als Empfänger dienen an den Beinen kleine Organe. Die Forschungen über das „Hören" der Ameisen sind noch nicht abgeschlossen. Nach den bisherigen Erkenntnissen werden Schrillgeräusche vornehmlich dann erzeugt, wenn eine Ameise in Bedrängnis ist und Hilfe benötigt.

Es bleibt uns noch, die Augen zu betrachten. Während die Ameisenlarven blind sind, besitzen die erwachsenen Tiere, wie alle Insekten, zwei Komplexaugen, so genannt, weil jedes Auge einen Komplex aus zahlreichen stabförmigen Einzelaugen bildet (Abb. 28). Das mit einer sechseckigen Linse versehene Einzelauge bildet nur einen einzigen Lichtpunkt ab. Somit ist das von allen Einzelaugen, also vom gesamten Komplexauge, hergestellte Bild ein Raster- oder Mosaikbild ganz entsprechend dem Rasterbild auf unserem Fernsehschirm. Je mehr Einzelaugen zu einem Komplexauge zusammentreten, desto schärfer wird das Bild.

An die Qualität unseres Fernsehbildes, das aus etwa 500 000 Rasterpunkten zusammengesetzt ist, kommt allerdings das vom Ameisenauge vermittelte Bild nicht

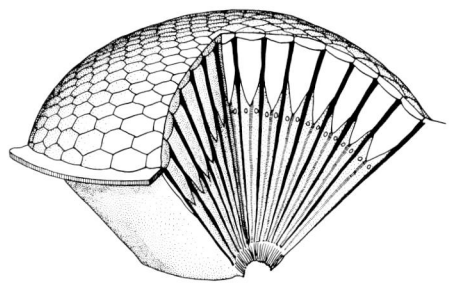

Abb. 28 Insekten-Komplexauge, angeschnitten

im entferntesten heran. Bei unseren Waldameisen besitzt die Arbeiterin rund 600, die Königin 800 und das Männchen 1 200 Punktaugen pro Komplexauge. Bei den kleinen *Lasius*- und *Myrmica*-Arten sind es gar nur 100 bis 200. Die Männchen haben somit die größten und leistungsfähigsten Augen, und sie benötigen sie auch, wenn sie in der Luft oder auf dem Boden die Jungköniginnen zur Begattung aufsuchen müssen. Verglichen mit dem menschlichen Auge vermittelt also das Ameisenauge nur ein recht unscharfes Bild. Das besagt aber nur, daß eben die Abbildung der Umwelt für die Ameise einen viel geringeren Stellenwert besitzt als für den Menschen.

Zahlreichen Versuchen zufolge können Ameisen auch Farben unterscheiden, allerdings in einer anderen Bandbreite als der Mensch. So sehen sie im kurzwelligen Bereich ultraviolett, das vom menschlichen Auge nicht wahrgenommen wird. Dagegen versagen ihre Augen im langwelligen Bereich bei Rot. Die Ameisen sind also rotblind.

Doch besitzt das Ameisenauge eine ganz besondere Fähigkeit: die Erkennung des polarisierten Himmelslichtes. Das ist jener Teil des Lichtes, der nur in einer bestimmten Ebene schwingt, wobei diese von der Stellung der Sonne abhängt. Daher kann diese Form des Lichtes auch bei bedecktem Himmel Auskunft über den Sonnenstand geben, was für die Orientierung der Ameise sehr wichtig ist. Der Mensch vermag polarisiertes Licht nicht zu erkennen.
Schließlich seien im Zusammenhang mit dem Sehen noch 3 eigentümliche Punktaugen erwähnt, die sich am Scheitel der Ameise zwischen den beiden Komplexaugen befinden (Abb. 1). Ihre Bedeutung ist noch nicht geklärt. Man vermutet, daß sie rasche Bewegungen in der Umwelt wahrnehmen.

Gedächtnis und Orientierung

Die männlichen Ameisen haben, wie wir sahen, zwar die größten Augen, doch haben die Arbeiterinnen das größte Gehirn. Sie benötigen es für ihre vielfältigen Tätigkeiten und Umweltauseinandersetzungen, die ein hohes Maß an geistiger Wendigkeit erfordern. Was die Gedächtnisleistungen, also die Speicherung von Erfahrungen im Gehirn betrifft, stehen die Ameisen (zusammen mit der Honigbiene) an der Spitze aller Insekten. Das kommt vor allem in ihrer Nest- und Geländeorientierung zum Ausdruck.
Im dunklen Nest riechen und tasten sich die Ameisen durch das Gewirr von Gängen und Kammern und finden sich in diesem Labyrinth mit absoluter Sicher-

heit zurecht. Ihre Eier, Larven und Puppen sowie ihre Nestgefährtinnen erkennen sie vor allem an deren spezifischen Düften. Über die zentrale Bedeutung der Düfte für das Staatenleben der Ameisen wird in den folgenden beiden Kapiteln noch vieles zu berichten sein. Die Erkennung der verschiedenen Düfte ist den Ameisen nicht angeboren, sondern muß erlernt werden. Beobachtungen zufolge können die neugeborenen Arbeiterinnen noch nicht die eigenen Larven und Puppen von fremden unterscheiden.

Noch interessanter ist die bereits im vergangenen Jahrhundert aufgeworfene Frage, wie die Außendienst-Arbeiterinnen zum Nest zurückfinden. Nach den heutigen Kenntnissen können wir hier zwei Ameisengruppen unterscheiden. Die erste Gruppe (mit *Myrmica*, *Lasius* u. a.) orientiert sich hauptsächlich nach dem Geruch, während die andere (mit *Formica*, *Campotus* u. a.) den Gesichtssinn dazu verwendet. Die „Geruchstiere" legen unter Verwendung von Drüsen der Beine oder der Hinterleibsspitze Duftspuren, die bis zu einigen Stunden lang riechbar bleiben. Aber auch die „Augentiere" machen von diesem Prinzip Gebrauch, wenn es sich um Ameisenstraßen zwischen Nest und Blattlauskolonien handelt. Die Jägerinnen und Nestmaterialsammlerinnen der „Augentiere" aber haben sich frei von der Duftlenkung gemacht. Sie verwenden drei Orientierungshilfen: Sonnenstand, polarisiertes Licht und Geländemarken.

Wenn eine Jägerin der Roten Waldameise das Nest zu einem Ausflug verläßt, merkt sie sich den Winkel zwischen ihrer Lauf- und der Sonnenrichtung. Dieser Winkel verändert sich aber mit der Änderung des Sonnenstandes. Nähme die Ameise als Rücklaufrichtung den gleichen Winkel zur Sonne, den ihre Hinlaufrichtung hatte, würde sie weit am Nest vorbeilaufen. Sie besitzt jedoch eine „innere Uhr", mit deren Hilfe sie aus der inzwischen vergangenen Zeit und dem neuen Sonnenstand die richtige Heimkehrrichtung errechnet. Diese fast unglaublich erscheinende Fähigkeit, die übrigens auch die Biene besitzt, läßt sich durch einen einfachen Versuch nachweisen: man stülpt über eine heimkehrende Ameise eine dunkle Schachtel und hält das Tier darunter mehrere Stunden gefangen. Nach Entfernung der Schachtel läuft dann die Ameise trotz des inzwischen erheblich veränderten Sonnenstandes direkt zum Nest zurück. Man muß diesen Versuch natürlich auf einer optisch neutralen Fläche, ohne Geländemerkmale, durchführen. Auch bei bedecktem Himmel klappt die Sache: jetzt orientieren die Ameisen sich nach dem polarisierten Licht (s. im vorigen Abschnitt), dessen Verteilung am Himmel ihnen den Sonnenstand auch hinter den dichtesten Wolken anzeigt. Versuche haben ergeben, daß die Ameise zwar die in ihrer Erbmasse verankerte Fähigkeit besitzt, sich nach dem veränderlichen Sonnenstand zu orientieren, jedoch diese Fähigkeit erst trainieren muß, um sie richtig anwenden zu können. Mit jedem Ausflug wird sie darin sicherer. Es handelt sich also um eine der bei Ameisen besonders interessanten Koppelungen von Instinkt und Erfahrung.

Am natürlichen Standort wird die Orientierung nach der Sonne oder nach dem polarisierten Licht stets kombiniert mit der Orientierung nach Geländemarken. Als solche werden auffällige Pflanzen, Steine, Baumstümpfe u. a. sowie auch Neigungen des Geländes benutzt. Setzt man eine Ameise, ohne ihre Lage zur Sonne zu verändern, einige hundert Meter weiter in eine ihr fremde Umgebung, läuft sie sehr langsam und unterbrochen durch seitliche Abstecher, mit denen sie offensichtlich ihre vertrauten Geländemarken sucht, bis sie schließlich in die ihr vertraute Umgebung gelangt. Von hier aus läuft sie rasch und ohne Umwege zum Nest zurück.

Duftspuren, innere Uhr, polarisiertes Licht: wie sehr ist hier die Ameise uns Menschen überlegen! Wir mußten erst den Kompaß und andere Navigationsgeräte erfinden, um uns so sicher wie die Ameise im Gelände orientieren zu können.

11. Zu Tode gestreckt

Verteidigung und Angriff

Wie wichtig für den Ameisenstaat die Verteidigung ist, erkennt man schon daran, daß allein drei Berufe darauf ausgerichtet sind: die Nest-, Straßen- und Blattlaus-Bewachung. Darüber hinaus sind grundsätzlich auch alle anderen Arbeiterinnen bereit, ihren Staat im Notfall zu verteidigen.

Vor wem muß der Ameisenstaat sich schützen? Nicht in erster Linie vor größeren Tieren oder dem Menschen, obwohl beide, wie wir noch sehen werden, durchaus das Ameisenvolk gefährden können. Die meisten Kämpfe werden vielmehr unter Ameisen selbst ausgetragen, denn jede Ameise ist der anderen Feindin, sofern nicht beide demselben Volk angehören.

Begegnen sich zwei Ameisen derselben Art, aber aus verschiedenen Völkern (Nestern), so kann man noch von einem gemäßigt-feindlichen Verhältnis sprechen, bei dem meistens ein Kampf vermieden wird. Die Schwächere zeigt sich dann der Stärkeren gegenüber unterwürfig, streichelt sie mit den Fühlern, bietet ihr Kropfnahrung an und wird daraufhin gewöhnlich geschont. Ja, es kommt auch vor, daß zwei Völker derselben Ameisenart, die sich ins Gehege kommen, nach anfänglichen Scharmützeln sich gegenseitig dulden und das Jagdrevier in einem bestimmten Grenzbereich teilen. So etwas wäre bei zwei verschiedenen Ameisenarten undenkbar.

Und doch findet man oft auf engem Raum Ameisenarten, die sich scheinbar dulden. Die nähere Betrachtung zeigt aber, daß diese Arten sich nach Größe, Wendigkeit, Nestbau, Lebensweise und Verhalten unterscheiden und daher aus dem Wege gehen. Wenn dann trotzdem zwei artfremde Ameisen einander begegnen, greift die stärkere sofort die schwächere an.

Woran erkennt nun die Ameise, ob eine andere zu ihrer Art oder gar zu ihrem Volk gehört? Es sind Körperdüfte, die ihr darüber Auskunft geben. Jede Ameise ist mit zwei Düften behaftet: mit einem Art- und einem Nestduft. Man hat festgestellt, daß zwei Ameisenvölker so lange denselben Nestduft haben, wie ihre Zweignester zueinander im Nahrungsaustausch stehen. Sobald der Austausch abreißt, erhält das abgespaltene Volk einen eigenen Nestduft.

Wird im Freiland eine Arbeiterin von einer Fremdameise oder einem anderen Feind angegriffen, kann sie auf sichere Hilfe rechnen, wenn sich in unmittelbarer Nähe von ihr Gefährtinnen befinden. Diese haben den Angriff entweder beobachtet oder erhalten (bei einem Teil der Ameisenarten) durch das Schrillorgan der Bedrängten davon Kenntnis. Wird dagegen eine größere Menge Ameisen angegriffen, die in engem Kontakt zueinander stehen und dann auch von Soldatinnen bewacht werden, wie z. B. an einer Ameisenstraße oder vor allem am Nest, so setzen die Soldatinnen eine Duftdrüse in Tätigkeit und lösen damit Feindalarm aus. Bei diesem Duft handelt es sich meistens um gasförmiges Ameisengift, in einigen Fällen um eine besondere Alarmsubstanz. Dadurch, daß jede Ameise, die von dem Duft erreicht wird, sofort ihrerseits denselben Duft erzeugt, breitet sich die Duftwolke rasch und nach allen Richtungen aus.

Ausnahmen von der Duftalarmierung machen die Urameisen und einige andere Ameisenarten, die in sehr kleinen Völkern leben. Bei ihnen ist ein besonderes Alarmsystem nicht nötig. Aber auch die in großen Kolonien lebenden Riesenholzameisen der Gattung *Camponotus* geben keinen Duftalarm. Bei ihrer Lebensweise im Innern von Holzkammern führen Klopfsignale schneller zum Erfolg: Die Soldatinnen klopfen mit ihrem Hinterleib kräftig an die Wände, und dieses Signal wird im ganzen Nest weitergegeben.

Die Alarmierung des Ameisenvolkes bei einem Angriff auf das Nest verfolgt zwei Ziele, einmal: alle nicht an der Brutpflege Beteiligten zum Kampf aufzufordern, und zum anderen: die Brutpflegerinnen zu warnen und zu veranlassen, die Brut in Sicherheit zu bringen. In jeder Notlage ist es die vordringlichste Aufgabe, die Brut zu schützen. Während daher draußen gekämpft wird, eilen im Nestinneren die Brutpflegerinnen mit den Eiern, Larven und Puppen zu den tiefsten und sichersten Nestkammern.

Jedoch wird man bei einem solchen „Ameisenkrieg" immer auch einen Teil Arbeiterinnen sehen, der weder kämpft noch sich um die Brut kümmert, sondern die Flucht ergreift. Wir sollten hierbei nicht vermenschlichend von „Feigheit" reden, denn Ameisen sind Instinkttiere (s. später) und handeln daher immer richtig. Denken wir daran, daß es auch kranke Tiere gibt sowie frisch geschlüpfte, deren Hautpanzer noch nicht genügend erhärtet ist und die auch noch keinerlei Erfahrungen besitzen. Sie tun gut daran, den Kampf zu vermeiden.

Die Kampfvermeidung wird sogar von vielen Insekten und anderen Tieren zu einem Verteidigungs-Prinzip erhoben. Unter unseren Ameisen folgt vor allem *Myrmicina graminicola* diesem Prinzip: Bei Gefahr stellen sich ihre Arbeiterinnen tot und werden dann unbeachtet gelassen. Auch die in sehr kleinen Völkern leben den Urameisen nehmen bei Bedrohung durch eine Übermacht zu diesem Mittel Zuflucht.

Ein Kampf kann aber auch durch Abschreckung vermieden werden. Zwei unserer kleinsten Ameisenarten, die Innennest-Raubameise und die Pharao-Ameise, scheiden Abschreckdüfte aus, um fremde Ameisen oder andere Insekten von ihren Nestern oder Nahrungsquellen abzuhalten. Selbst eine so wehrhafte Ameisenart wie die Amazone greift zu diesem Mittel: während ihrer Sklavenjagd scheidet sie in dem überfallenen Nest einen Duft aus, der auf ihre eigenen Tiere anstachelnd, auf das überfallene Volk dagegen abschreckend wirkt.

Beim Kampf selbst setzen die Ameisen mechanische und chemische Waffen ein. Die mechanischen Waffen sind die Mandibeln (Kieferzangen). Sie können, wie wir bei einigen Sklavenräubern sahen, zu gefährlichen Stich- oder Schneidewaffen umgebildet sein. Mit ihnen werden andere Ameisen erdolcht oder durch Abschneiden der Fühler und Beine verstümmelt. Eine eigenartige Kampfmethode haben *Formica*- und *Leptothorax*-Arten ausgebildet, das Zu-Tode-Strecken: Mehrere Kämpferinnen tun sich zusammen und ziehen mit ihren Mandibeln die Beine und Fühler der Gegnerin so stark auseinander, daß diese stirbt. Bei den giftstachellosen Schuppen- und Drüsenameisen werden gewöhnlich die mechanischen und chemischen Waffen zusammen eingesetzt. Wie wir an uns selbst beobachten können, beißt eine Rote Waldameise zunächst mit ihren Mandibeln in unsere Haut, biegt dann ihren Hinterleib nach vorne und spritzt Ameisensäure, also ihr Gift, in die Wunde.

Damit wären wir bei den chemischen Waffen, den Giften. Alle Ameisen haben Giftdrüsen, doch nur die Ur- und Knotenameisen besitzen gleichzeitig einen Stachel, mit dem sie ihr Gift in den Körper des Gegners injizieren können. Am Stachel befinden sich im Gegensatz zu den Bienen und Wespen keine Widerhaken, so daß er leicht aus der Stichwunde wieder herausgezogen werden kann. Die meisten Menschen empfinden den Ameisenstich unangenehmer und nachhaltiger als den Ameisenbiß, der mit einer Gifteinspritzung verbunden ist. Bei Insekten ist der mit Gift verbundene Ameisenbiß fast immer tödlich. Das Gift selbst besteht bei den Schuppenameisen aus Ameisensäure (HCOOH), bei den anderen Ameisen aus unterschiedlichen chemischen Verbindungen. Die Kartonnest-Ameise *Lasius fuliginosus* hat sich außer ihrer Hinterleibsdrüse noch eine Giftdrüse an den Mandibeln zugelegt, so daß sie gleichzeitig mit dem Biß das Gift in die Wunde träufeln kann.

Die Giftwirkung ist jedoch nicht immer vom Vorhandensein von Wunden abhängig. Die *Tapinoma*-Arten springen ihre Gegner an und bestreichen sie mit ihrem schnell wirkenden Gift. Auch die Ernteameise *Messor barbarus* verfährt nach diesem Prinzip, doch verwendet sie zum Beschmieren des Feindes ihren Darminhalt, der offenbar recht giftig wirkt.

Man sollte meinen, daß stechende Ameisen den nichtstechenden im Kampf überlegen sind. Das Gegenteil ist jedoch der Fall. Die harte glatte Oberfläche läßt Einstiche nur an den schmalen weichen Nahtstellen zwischen den Körperringen zu. Ehe die stechende Ameise eine solche Stelle gefunden hat, ist sie meistens schon den Bissen oder dem Bestreichen mit Gift, das auch den Hautpanzer durchdringt, erlegen.

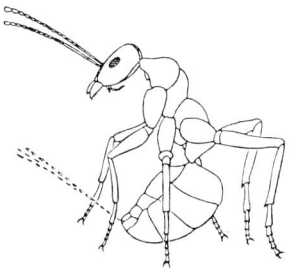

Abb. 29 Rote Waldameise beim Giftspritzen (nach MASCHWITZ)

Vor allem die *Formica*-Arten spritzen ihren größeren Gegnern mit dem nach vorn gebogenen Hinterleib Giftfontänen entgegen (Abb. 29), die einen halben Meter Höhe erreichen können. Es ist daher für den Menschen nicht ratsam, sich zu tief über einen Ameisenhaufen zu beugen, denn die Ameisensäure kann zu unangenehmen Augenentzündungen führen.

12. Duftige und schmackhafte Informationen

Organisation des Ameisenstaates

Wir sind nunmehr in der Betrachtung der Lebensweise unserer Ameisen an einen Punkt gelangt, wo sich die Frage aufdrängt: Wie funktioniert das Ganze? Wer stimmt alle Tätigkeiten aufeinander ab, und wer erhält die Ordnung aufrecht? Es ist doch wohl unmöglich, daß eine Königin in dunkler Kammer das Staatsgetriebe überblickt und regelt. Worin also liegt das Geheimnis des Ameisenstaates?

Früher glaubte man, es gäbe zwischen den Ameisen eine Fühlersprache, mit der alle für den Staat wichtigen Informationen von und zur Königin weitergegeben würden. Heute weiß man, daß Berührungen mit den Fühlern fast ausschließlich das Verlangen nach Nahrung ausdrücken. Die großen Fortschritte der Biochemie und Sinnesphysiologie der vergangenen Jahrzehnte haben gezeigt, daß es vornehmlich Geruchs- und Geschmacksstoffe sind, die den Staat der Ameisen regulieren. Zu ihnen treten als dritter Regulator die Arbeitsreize, auf denen sich die Berufswahl gründet.

Die überragende Bedeutung von Düften – sog. Pheromonen – im Leben der Ameisen haben wir bereits mehrfach kennengelernt. Es war vom Art- und Nestduft, von den Unterscheidungsdüften der Entwicklungsstadien, vom Sexualduft beim Hochzeitsflug, von Alarm- und Abschreckdüften sowie von Spurenduftstoffen die Rede. Über ihnen allen steht aber ein Duft, der das ganze Volk zusammenhält: der Königinduft. Jede Ameise besitzt ihn, so daß sie Trägerin von drei Duftstoffen ist: Art-, Volk- und Königinduft. Der Unterschied zwischen dem Volk-(Nest-)duft und dem Königinduft besteht darin, daß ersterer bei allen Tieren gleich stark ist, während der Königinduft ein deutliches Gefälle aufweist: er ist in der Nähe der Königin am stärksten und bei den Außendienstarbeiterinnen am schwächsten.

Aufgabe des Königin-Duftstroms ist es, alle Staatsangehörigen über Anwesenheit, Körperzustand und Eiproduktion der Königin(nen) zu informieren. Er ist gewissermaßen das Sprachrohr der Königin zum Volk. Aber auch umgekehrt, besitzt das Volk einen „Draht" zur Königin: den Nahrungsstrom. Es wurde bereits erwähnt, daß alle Arbeiterinnen sich an einem Nahrungsstrom von außen ins Nestinnere beteiligen, der bei der Königin endet. Aus seiner Menge und Qualität können alle beteiligten Tiere erkennen, wie es um die Ernährungssituation des Volkes steht, von der letzten Endes alles abhängt. Es gibt somit im Ameisenstaat zwei gegenläufige Informationsströme: den Duftstrom von der Königin ins Volk und den Geschmacksstrom vom Volk zur Königin.

Zunächst und vor allem wird mit dem Geschmacksstrom die Fruchtbarkeit der Königin reguliert. Wenn die von außen hereinkommende Nahrung knapper wird und zur Larvenfütterung nicht mehr ausreicht, wird der Königin signalisiert, mit der Eiproduktion nachzulassen. Umgekehrt wird ihr natürlich auch eine Verbesserung der Ernährung mitgeteilt, was sie zu erhöhter Nachkommen-Erzeugung veranlaßt. Man kann es auch nüchterner ausdrücken: bei knapper werdender Nahrung wird auch die Königin knapper gehalten und kann dann nicht so viele Eier produzieren wie bei reichlicher Nahrung. Hier zeigt sich als großer Vorteil, daß alle Arbeiterinnen unfruchtbar sind, denn nur dadurch ist es möglich, die Volksstärke an die Nahrungsmenge auf kürzestem Wege – über die eierlegende Königin – anzupassen.

Doch kann es unter bestimmten Umständen für das Volk notwendig werden, daß ein Teil der Arbeiterinnen seine Fruchtbarkeit zurückgewinnt, dann nämlich, wenn die Königin stirbt oder trotz reichlicher Nahrung mit der Eiablage nachläßt. Man hat bei einigen Ameisenarten gefunden, daß in solchen Fällen junge Arbeiterinnen eine Sonderfütterung mit Königingelee erhalten, wodurch ihre Eierstöcke sich regenerieren. Die Unfruchtbarkeit der Arbeiterinnen entsteht, wie wir sahen, dadurch, daß die weiblichen Larven mit Kropfnahrung gefüttert werden und auch die daraus entstehenden Arbeiterinnen zeitlebens Kropfnahrung zu sich nehmen. Bei dieser Ernährung verkümmern im Verlauf einiger Monate die Eierstöcke und werden schließlich funktionsunfähig. Solange sie aber bei jungen Arbeiterinnen lediglich gehemmt, aber noch funktionsfähig sind, können sie durch Fütterung der Tiere mit Königingelee reaktiviert werden.

Arbeiterinnen mit reaktivierten Eierstöcken müssen allerdings auf eine Kopulation verzichten, denn eine Begattung mit zufällig vorhandenen Männchen findet nicht statt. Normalerweise könnten daher solche Arbeiterinnen nur Eier ablegen, aus denen Männchen hervorgehen (siehe Kap. 3). Jedoch kann im Notfall auch diese Regel durchbrochen werden und zwar dadurch, daß während der Eientwicklung die sogenannte Reduktionsteilung unterbleibt. Dann entstehen auch aus unbefruchteten Eiern weibliche Larven.

Wenn bei gleichbleibender Kropfnahrung die jungen Arbeiterinnen die Funktionsfähigkeit ihrer Eierstöcke verlieren, so bedeutet das zugleich ihren Übergang vom

Innen- zum Außendienst. Innendiensttiere sind stets junge Arbeiterinnen mit im Prinzip noch funktionstüchtigen Eierstöcken, während den Außendienst ältere Arbeiterinnen verrichten, deren Fruchtbarkeit endgültig erloschen ist. Da nun die Kropfnahrung vom Königinduft aufrechterhalten wird, greift dieser auch in die Struktur des Berufslebens ein.

Das Zusammenspiel zwischen Königinduft und Nahrungsstrom ist besonders gut bei der Erzeugung neuer Königinnen zu erkennen. Erlöscht bei einem monogynen (Einkönigin-)Staat der Königinduft, so veranlaßt dies die Brutpflegerinnen, einen Teil der Arbeiterinnen zur Eiablage zu reaktivieren. Nimmt bei einem polygynen (Vielköniginnen-)Staat die Anzahl der Königinnen ab, so erfahren es die Brutpflegerinnen aus dem Nachlassen des Königinduftes. Sie verstärken daraufhin die Fütterung der noch vorhandenen Königinnen und regen diese damit zur erhöhten Produktion von Geschlechtstiereiern an. Wahrscheinlich hat der gegenläufige Königinduft-Nahrungs-Strom über die soeben genannten Funktionen hinaus weitere Aufgaben, die wir zur Zeit noch nicht kennen. Die Untersuchungen hierüber sind in vollem Fluß.

Nicht zu unterschätzen ist aber auch die staatsregulierende Kraft der Arbeitsreize. In einem früheren Kapitel sahen wir bereits, daß die Berufe der Ameisen nichts Starres sind, sondern sich den jeweiligen Bedürfnissen im Ameisenstaat anpassen. Bestimmend sind die auf die Arbeiterinnen wirkenden Arbeitsreize: Unordnung regt zu ordnender Tätigkeit an, Baukräftemangel zur Mithilfe, Überschuß an hungrigen Larven zur Fütterung usw. Wenn eine Arbeiterin sich in den jeweiligen Beruf eingearbeitet hat, bleibt sie solange dabei, bis ein anderer, stärkerer Arbeitsreiz ihre Hinwendung zu neuer Tätigkeit verlangt. Damit ist gesichert, daß die Verteilung der Arbeit sich stets nach den sozialen Bedürfnissen ausrichtet. Es gibt im Ameisenstaat keinen Arbeitsmangel, keine Arbeitslosen und auch keine unnütze Arbeit.

Wenn man die soeben erörterten staatsregulierenden Faktoren insgesamt betrachtet, erkennt man einen Umweltfaktor, der das Schicksal des Ameisenstaates in erster Linie bestimmt: Das Nahrungsangebot. Das Ameisenvolk kann nur so stark werden und nur so lange leben, wie die Nahrung es zuläßt. Bei gleichbleibendem Nahrungsstrom ist der Ameisenstaat im Prinzip unsterblich. In diesem Fall muß die Königin gerade so viele Nachkommen produzieren wie durch den Alterstod oder im Kampf ums Dasein verlorengehen. Bei nachlassendem Nahrungsangebot verkleinert sich das Volk, bei Verbesserung der Ernährungslage vergrößert es sich. Das hört sich recht einfach an. Welch komplizierter Informations-Mechanismus dahintersteckt, erkennt man erst bei eingehender Betrachtung.

13. Das drogensüchtige Volk

Mitbewohner im Ameisenstaat

Eine der größten Überraschungen der Ameisenforschung war die Erkenntnis, daß sehr viele kleine Tiere regelmäßig mit den Ameisen in deren Nestern leben und sich in oft erstaunlicher Weise an dieses Einmieter-Leben angepaßt haben. Diese Anpassung ist auch sehr nötig, denn nur mit Hilfe von allerlei Tricks gelingt es den Einmietern, unversehrt neben den Ameisen zu leben; normalerweise greifen diese natürlich jedes fremde Tier in ihrem Nest an, um es zu töten.

Der bekannteste Erforscher der Ameisen-Inquilinen (von lateinisch „inquilinus" = der Mieter) war der 1931 verstorbene Jesuitenpater Paul WASMANN, der zwischen 1890 und 1930 mehr als 300 Arbeiten zu diesem Thema veröffentlichte. Er zählte damals bereits mehr als 1 000 Tierarten, vor allem Spinnen und Insekten, auf, die weltweit in Ameisennestern leben. Bis heute ist ihre Zahl auf etwa 3 000 gestiegen, und man vermutet, daß auch damit erst die Hälfte aller Arten bekannt ist, denn manche Erdteile sind daraufhin noch wenig untersucht. Es ist somit hier nur möglich, einen kleinen Ausschnitt aus dieser Vielfalt unter Beschränkung auf einige besonders auffallende Inquilinen darzustellen. Nach ihrer Tätigkeit im Ameisennest wollen wir unter den Inquilinen 5 Gruppen unterscheiden: Abfallverwerter, Mitesser, Parasiten, Räuber und Symbionten.

Abfallverwerter

Hierzu zählen wir Einmieter, die sich von verrottendem Nestmaterial und allerlei Abfällen, einschließlich toter Ameisen, ernähren. Ein Schaden entsteht den Hauswirtinnen dadurch nicht, zumindest kein direkter. Wohl aber kann es zu einem indirekten Schaden kommen, wie gleich das folgende Beispiel zeigt.

Einer unserer schönsten Käfer, der fast 2 cm große, metallisch-kupfergrün gefärbte Rosenkäfer, *Potosia cuprea*, versenkt seine Eier stets in die oberste Schicht der Nesthügel unserer Waldameisen. Die Larven leben dann dort von verrottendem Nestmaterial. In den unbewohnten Außennestbezirken kommen sie mit den Ameisen wenig in Berührung, und wenn es doch einmal geschieht, bohren sie sich blitzschnell tiefer. Ein indirekter Schaden für das Ameisennest kann dadurch zustandekommen, daß Wildschweine, Dachse, Füchse oder Waldmäuse, besonders im Winter, nach den fetten Käferlarven suchen und dabei die Ameisenhügel oft arg verwühlen. Zerstörungen des Nesthügels bedeuten aber im Winter, daß die Kälte in die unteren Nestpartien eindringen kann, wodurch ein Teil der dort im Winterschlaf ruhenden Ameisen erfriert.

Im Gegensatz zu den Rosenkäferlarven findet man die Larven der Schwebfliegengattung *Microdon* mitten im Ameisennest, wo sie sich von Abfallstoffen ernähren. Sie können sich in das Nestinnere wagen, weil sie nacktschneckenähnlich flach gestaltet sind: Ihre glatte Unterseite liegt dem Boden an, während die flach gewölbte Oberseite mit ihrer Runzelung und Färbung einem Stück Rinde ähnelt. Sie werden daher von den Ameisen einfach übersehen, zumal ihre Bewegungen äußerst langsam sind.

Als dritter Vertreter der Gruppe der Abfallverzehrer sei eine kleine Milbe der Gattung *Urobovella* genannt. Sie setzt sich bei *Lasius flavus* an den Vorderbeinen fest und zwar in der Nähe des Putzhaarkamms, mit dem sich die Ameise nach dem Essen den Mund säubert.

Die an den Haaren hängengebliebenen Nahrungsreste genügen der winzigen Milbe zur Ernährung. Sie sitzt an dem Bein so fest, daß die Ameise sie nicht abstreifen kann.

Mitesser

Eine große Gruppe von Spinnentier- und Insektenarten begnügt sich nicht mit Abfällen, sondern schaltet sich in die Nahrungsübergabe der Ameisen mit ein. Es ist erstaunlich, welche Taktiken sie dabei anwenden, um an die Ameisennahrung heranzukommen.

Einige von ihnen erlernten gewissermaßen die „Sprache" ihrer Wirte, das heißt die Signale, mit denen eine Arbeiterin die andere veranlaßt, einen Nahrungstropfen aus ihrem Kropf hochzuwürgen. So betupft der bei *Lasius fuliginosus* lebende Glanzkäfer *Amphobis marginatus* eine Arbeiterin mit seinen Fühlern und stößt zugleich mit seinem Kopf von unten an ihre Mandibeln (Abb. 30). Das sind die zwei Signale, die zum Hochwürgen eines Nahrungstropfens bei den Ameisen führen. Zwar merkt die Fütternde meist kurz darauf, daß sie den Falschen bedient und greift ihn an. Der Käfer aber läßt sich schnell fallen und ist mit seinem harten glatten Panzer, unter den er Kopf und Beine einzieht, geschützt.

Eine andere Taktik wendet die einzige europäische Mitesser-Ameise, die Gastameise *Formicoxenus nididulus*, an. Sie ist nur 2,8 mm groß und viel wendiger als ihre große Wirtin, eine *Formica*-Art. Ihr meist kaum 100 Tiere umfassendes Nest hat die Gastameise in der obersten Schicht des *Formica*-Nesthügels. Von dort aus

Abb. 30 Glanzkäfer „erschwindelt" sich einen Nahrungstropfen
(nach HÖLLDOBLER, verändert)

dringt sie ins Nestinnere, um Nahrung zu holen. Sie springt auf den Rücken einer Wirts-Arbeiterin, die gerade beim Füttern ist, und stiehlt sich ihren Nahrungsanteil. Ihre Wendigkeit verhütet, daß sie dabei ergriffen wird.

Ebenfalls mit seiner Wendigkeit gelangt ein kleines Silberfischchen (*Lepisma*) zum Ziel: Es taucht zwischen zwei sich fütternden Ameisen blitzschnell von unten her auf und schnappt etwas von der Ameisennahrung weg (Abb. 31). Ehe die beiden Fütternden es gewahr werden, ist der schnelle Mitesser wieder verschwunden.

Das andere Extrem, behäbige Langsamkeit, zeigt eine Milbe der Gattung *Antennophorus*. Sie klammert sich an eine Arbeiterin, meist von *Lasius flavus*, und klettert zur Unterseite des Kopfes, wo sie sich festsetzt,

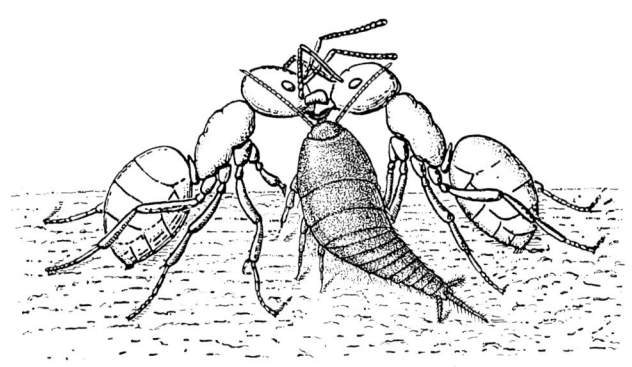

Abb. 31 Silberfischchen schaltet sich
bei einer Nahrungsübergabe ein (nach JANET)

und zwar derart, daß der Milbenmund sich dicht unter dem Ameisenmund befindet (Abb. 32). Auf diese Weise kann sie am Fütterungsvorgang teilhaben. Auch hier ist es der Ameise offensichtlich unmöglich, den unerwünschten Mitesser abzustreifen. Es sei an dieser Stelle erwähnt, daß Ameisen sich untereinander nicht von Lästlingen befreien. Sie putzen sich zwar gegenseitig an Stellen, wo sie nicht hingelangen, doch wurden sie bei gemeinsamen Aktionen, ihren Körper von festsitzenden Tieren zu befreien, nie beobachtet.

Als letztes Beispiel aus der besonders artenreichen Gruppe der Mitesser sei der Käfer *Amophocephalus coronatus* genannt, der ebenso wie der vorhin erwähnte Glanzkäfer die Hochwürge-Signale seiner Wirtsameise, einer *Camponotus*-Art, beherrscht. Jedoch, und das ist die große Überraschung, behält er nur einen Teil der empfangenen Nahrung für sich und gibt das übrige an andere Arbeiterinnen weiter. Das ist der bisher einzige bekannte Fall, bei dem sich ein Ameisen-Einmieter am Nahrungsstrom im Ameisennest beteiligt.

Parasiten

Tiere, die ihre Nahrung dem Körper eines anderen Tieres entnehmen und dieses dabei – zumindest für längere Zeit – am Leben lassen, nennt man Parasiten. Der Parasit kann außen an seinem Wirt sitzen (Außen- oder Ektoparasit) oder sich im Körper des Wirtes befinden (Innen- oder Endoparasit). Von jeder dieser beiden Parasitengruppen wollen wir ein Beispiel herausgreifen.

Nicht selten kann man in Nestern auf dem Rücken von Ameisen kleine Milben sitzen sehen, die aus ihren Opfern Blut saugen. Diese Ektoparasiten können bei starkem Befall zum Tod der Ameisen führen. Wenn solche Parasitenmilben, deren es mehrere Arten bei

Abb. 32 Mitesser-Milbe am Kinn einer Ameise (nach JANET, verändert)

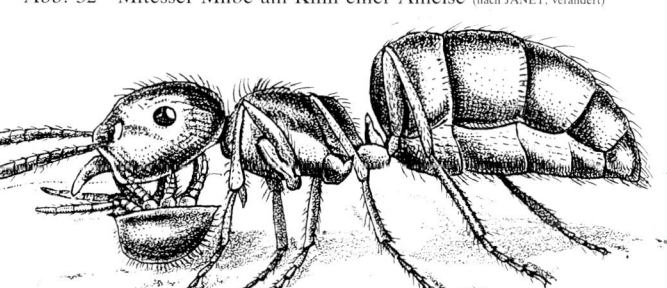

Ameisen gibt, in Massen auftreten, spricht man von der „Ameisenräude" in Anlehnung an die Räude der Hunde und anderer Säugetiere, die auch von Milben verursacht wird.

Endoparasiten, die ihre Entwicklung im Körper der Ameisen durchmachen, dann als fertige Tiere ihre Opfer verlassen und im Ameisennest bleiben, gibt es nur wenige. Am bekanntesten ist eine nur knapp 2 mm große Schlupfwespe, die bei der Innennest-Raubameise *Solenopsis fugax* schmarotzt (der einzigen europäischen Ameise, die räuberisch in fremden Ameisennestern lebt). Die winzige Schlupfwespe imitiert die Größe, Form und Farbe der Arbeiterinnen von *Solenopsis* so genau, daß man ihr den Namen *Solenopsia imitatrix* gab. Die Nachahmung geht so weit, daß sie keine Flügel mehr besitzt. Ihr Weibchen klebt ein Ei an eine *Solenopsis*-Arbeiterin, und die aus dem Ei kommende junge Schlupfwespenlarve dringt in den Körper der Ameise ein. Dort ernährt sie sich zunächst von Körpersäften, ohne die lebenswichtigen Organe der Ameise anzugreifen. Erst kurz bevor sie erwachsen ist, frißt sie auch die Organe ihres Opfers, das daraufhin stirbt. Sie verläßt dann die tote Ameise und spinnt sich einen Kokon, aus dem wenige Tage später die erwachsene Schlupfwespe schlüpft. Der nach seinen Maßstäben urteilende Mensch wird es als gerecht empfinden, daß nicht die Wirtsameise (häufig unsere Rote Waldameise) unter dieser Schlupfwespe leidet, sondern ausschließlich die im Wirtsameisennest räuberisch lebende Raubameise, die wir im folgenden Abschnitt noch näher kennenlernen werden.

Räuber

Unter den räuberischen Nestmitbewohnern, die sich von den Wirtsameisen oder deren Brut ernähren, wollen wir drei auffällige Arten herausgreifen.

Da gibt es zunächst eine Wanzenart, *Systellonotus triguttatus*, die sich darauf spezialisiert hat, die Puppen von *Lasius flavus* auszusaugen. Um dabei nicht erkannt zu werden, hat sie sich eine verblüffende Ameisenähnlichkeit zugelegt, die sonst den Wanzen fremd ist. Man nennt die im Tierreich nicht seltene Erscheinung, daß eine wehrlose Tierart das Aussehen einer stärkeren und wehrhaften Tierart nachahmt, um daraus Vorteile zu ziehen, „Mimikry". Bereits die soeben betrachtete ameisenähnliche Schlupfwespe war ein Fall von Mimikry.

Häufiger und gefährlicher als diese Wanze ist die bereits genannte Innennest-Raubameise *Solenopsis fugax*. Sie ist nur 1,5 bis 2,4 mm groß und lebt in den Nestern größerer Ameisenarten, wobei sie nicht wählerisch ist. Hier baut sie zwischen den großen Gängen und Kammern ihrer Wirtsameise ihre eigenen schmalen Gänge und kleinen Kammern, in die hinein ihr die Wirtsameisen nicht folgen können (Abb. 33). Es ist ihr ein Leichtes, von ihrem Gangsystem aus die großen Kammern der Wirte anzuzapfen und aus ihnen Eier, Larven und Puppen herauszuholen, von denen sie sich und ihre Brut ernährt. Da sie sehr volkreiche Staaten haben kann, sind die Brutverluste der Wirte oft bedeutend.

Als dritter Räuber soll der in *Lasius*-Nestern lebende Käfer *Myrmedonia humeralis* genannt werden, der es

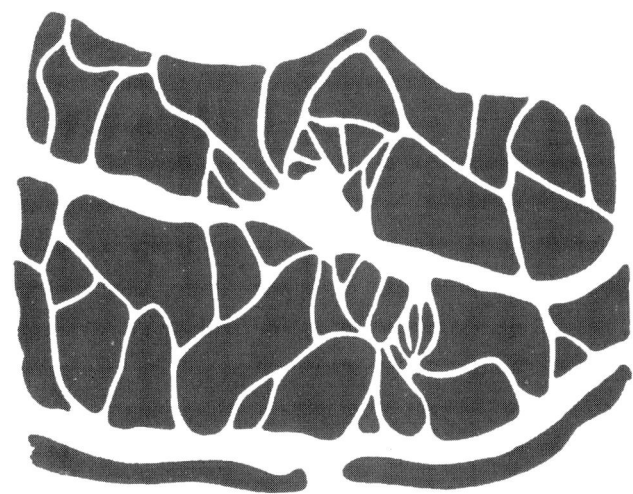

Abb. 33 Schmale Nestgänge von *Solenopsis fugax* zwischen den breiten Nestgängen einer Wirtsameise

nicht auf die Brut, sondern die Ameisen selbst abgesehen hat. Dabei verschmäht er die Köpfe der getöteten Ameisen, die ihm wohl zu hart sind. So kommt es, daß manchmal in den Gängen und Kammern eines *Lasius*-Nestes viele Ameisenköpfe herumliegen, was auf die Tätigkeit dieser Käfer hinweist. Die Raubkäfer schützen sich sowohl durch ihre Ameisenähnlichkeit als auch durch einen stark riechenden Abwehrstoff, den sie bei Gefahr aus Hinterleibsdrüsen ausscheiden.

Symbionten

Unter Symbiose versteht man, wie bereits im Zusammenhang mit der Blattlauszucht der Ameisen erwähnt wurde, das Zusammenleben zweier Tierarten zu gegenseitigem Vorteil. Bei allen bisher betrachteten Einmietern war der Vorteil allein auf ihrer Seite. Den Wirtsameisen gaben sie entweder nichts, oder sie schadeten ihnen sogar. Jedoch gibt es eine Reihe von Insektenarten, vor allem Käfer, die für das, was sie im Ameisennest empfangen, auch etwas geben, die also gewissermaßen Miete zahlen.

Ein eindrucksvolles Beispiel bieten die schon genannten Wurzelläuse, die im Nest der Gelben Wiesenameise *Lasius flavus* zum wertvollen „Haustier" geworden sind. Sie sitzen und saugen an Pflanzenwurzeln, um die herum ihnen die Wirtsameise besondere Kammern aus dem Erdreich ausgehöhlt hat. Man kann diese Kammern als „Viehställe" betrachten, in denen die Ameisen regelmäßig den Wurzelläusen durch Beklopfen mit den Fühlern die süßen Darmausscheidungen abfordern. Die Läuse erhalten dafür Schutz im Ameisennest und werden auch durch die Entfernung ihrer klebrigen Ausscheidungen vor der Verpilzung bewahrt. Das enge Zusammenleben der beiden Partner im unterirdischen Nest führt dazu, daß *Lasius flavus* außer zum Hochzeitsflug und zur Staatengründung gar nicht mehr an die Erdoberfläche kommt.

Ein ganz anderes Gastgeschenk bieten einige Arten der Käfergattung *Dinarda*. Sie sind Abfallvertilger oder schmarotzen auch manchmal bei der Nahrungsweitergabe der Ameisen, doch wurden sie auch dabei beobachtet, wie sie Milben vom Körper der Ameisen herunterholten und auffraßen. Sie befreien damit ihre Wirtinnen, was diese ja untereinander nicht tun, von blutsaugenden Parasiten. Es erinnert an das Verhältnis zwischen unserem Weidevieh und der Viehstelze, einer Verwandten der Bachstelze: Der Vogel fliegt auf den Rücken der weidenden Kuh und pickt dort die Bremsen und andere Schmarotzer weg, was die Kühe sich natürlich gern gefallen lassen.

Andere Arten derselben Käfergattung bezahlen ihre Miete quasi mit „Schnaps". So könnte man jedenfalls die offenbar berauschende Flüssigkeit nennen, die sie aus Rückendrüsen ausscheiden und die von den Ameisen gierig aufgeleckt wird. Die Käfer selbst sind wiederum Abfallverzehrer oder schalten sich gelegentlich auch in die Nahrungsweitergabe mit ein.

Von hier aus ist es nur ein kleiner Schritt bis zu der verhängnisvollen Symbiose, die man bisher nur bei Ameisen gefunden hat. Käferarten der Gattungen *Lomechusa* und *Atemeles* scheiden in gleicher Weise wie die soeben genannten *Dinarda*-Arten am Grunde von Haarbüscheln des Hinterleibes (Büschelkäfer, Abb. 34) einen Saft aus, der allen Anzeichen nach aufputschend und berauschend wirkt und auf den die Ameisen ganz versessen sind. Das Schlimme aber ist nun, daß diese Käfer nicht Abfallvertilger oder gelegentliche Mitesser sind, sondern gefräßige und gefährliche Bruträuber. Ihre Larven und sie selbst lassen sich zum Teil von den Ameisen füttern und fressen zum anderen Teil Ameisenbrut. Die Ameisen nehmen, um den begehrten Saft zu erlangen, den Verlust ihrer Brut in Kauf, ja, sie bringen sogar bei Gefahr zuerst diese Käfer und ihre Larven und dann erst ihre eigene Brut in Sicherheit. Es ist einwandfrei festgestellt, daß es sich

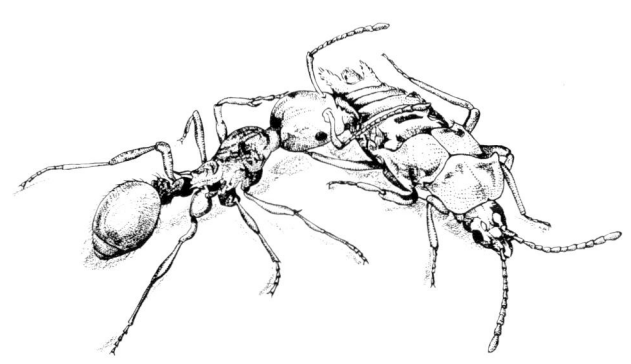

Abb. 34 Ameise leckt an einem Büschelkäfer

bei den Käferausscheidungen nicht um ein Nahrungs-, sondern ein Genußmittel, man kann auch sagen: um eine Droge handelt.
Die Folgen für den Ameisenstaat können bei starkem Auftreten von Büschelkäfern verheerend sein. Durch die Hinwendung zu diesen „Gästen" einschließlich deren Fütterung werden dem Ameisenstaat zunehmend Arbeitskraft und Nahrung entzogen. Zusammen mit der Vernichtung der Ameisenbrut durch die Käfer leidet das Volk schließlich an akutem Arbeiterinnenmangel. Um die Verluste zu mildern, versuchen die Brutpflegerinnen die zu Königinnen bestimmten Larven zu Arbeiterinnen „umzufüttern", was aber nur halb gelingt: es entstehen unfruchtbare Mittelformen aus Arbeiterinnen und Königinnen, die weder zur Arbeit noch zur Eiablage taugen. Schließlich geht das Volk, das auch keine Königinnen mehr hervorbringt, zugrunde.

Erscheinungen wie Alkoholismus und Drogensucht sind nur bei Staatenbildnern, also beim Menschen und bei den staatenbildenden Insekten möglich (hier, soweit man bisher weiß, nur unter Ameisen). Einzeln lebende Tiere würden, von Drogen geschwächt, sehr schnell im Kampf ums Dasein untergehen. Nur im Staatenverband kann der gesunde Teil den kranken am Leben erhalten, allerdings nur so lange, wie dieser nicht zu groß wird. Bei Überschreiten einer bestimmten Grenze bricht das Ganze zusammen.

Die Büschelkäfer der Gattung *Lomechusa* kommen besonders häufig bei der Blutroten Raubameise *Formica sanguinea* vor. Da diese Sklavenräuberin ist, tauchte die Vermutung auf, daß sie sich deshalb auf den Sklavenraub verlegte, um ihre von den Büschelkäfern verursachten Verluste auszugleichen. Man hat auch darauf hingewiesen, daß diese *Formica*-Art vielleicht längst von den verhängnisvollen Käfern ausgerottet wäre, wenn die Brutpflegerinnen nicht die Käferpuppen in gleicher Weise wie ihre eigenen behandeln, nämlich in warmen, trockenen Kammern lagern würden. Das können aber die *Lomechusa*-Puppen schlecht vertragen: sie vertrocknen darin zum erheblichen Teil.

Während die *Lomechusa*-Büschelkäfer einhäusig sind, das heißt ganzjährig bei derselben Ameisenart leben, haben die *Atemeles*-Arten interessanterweise einen Wirtswechsel: im Sommer entwickeln sich ihre Larven in einer *Formica*-Kolonie, und im Herbst wandern die Jungkäfer zu einem *Myrmica*-Nest. Das tun sie, weil bei *Formica* im Spätsommer der Nahrungsstrom versiegt, während er bei der mit Larven überwinternden

Myrmica noch bis zum Spätherbst anhält und außerdem dort noch Larven zum Auffressen zur Verfügung stehen. Die jungen Büschelkäfer brauchen für ihre Ausreifung reichlich Nahrung. Im Frühjahr, nach der Überwinterung, wandern dann die Käfer zu den *Formica*-Nestern zurück.

14. Die Drossel nimmt ein Ameisenbad

Von außen wirkende Feinde der Ameisen

Mehr noch als im Nest treten außerhalb desselben viele Tiere und leider auch der Mensch den Ameisen als Feinde entgegen. Wir wollen sie in vier Gruppen gliedern: Parasiten, Räuber, Nestzerstörer und Mensch.

Parasiten

Einige Schlupfwespen-Arten durchlaufen ihre Larvenentwicklung im Körper von Ameisen, doch gehören sie nicht zu den nestbewohnenden Endoparasiten (s. voriges Kapitel), sondern leben als erwachsene Tiere außerhalb des Ameisennestes auf Blüten. Die bekannteste Art ist die als Feind der Roten Waldameisen auftretende *Elasmosoma berolinense*, die, wie ihr Name sagt, erstmals bei Berlin gefunden wurde. Sie stürzt sich in Nestnähe im Flug auf eine Ameise und heftet blitzschnell ihr Ei an deren Körper. Die daraus schlüpfende

Larve dringt in die Ameise ein und frißt sie langsam, wie wir das schon bei den nestbewohnenden Schlupfwespen sahen, von innen her auf. Die parasitierte *Formica*-Arbeiterin klettert, wenn sie ihr Ende nahen fühlt, mit letzter Kraft an einem Grashalm hoch und beißt sich daran fest. Sie stirbt in eigenartig erstarrter, senkrecht vom Halm abstehender Haltung, beißt also buchstäblich ins Gras. Aus der toten Ameise kriecht die ausgewachsene Schlupfwespenlarve, läßt sich zu Boden fallen und spinnt dort zur Verpuppung einen Kokon, aus dem wenige Tage später die neue Schlupfwespe herauskommt.

Schwerer als die „Berliner Schlupfwespe" hat es eine andere Schlupfwespenart, *Pachylomma cremieri*, weil sie zur Eiablage nicht erwachsene Ameisen, sondern deren Larven benötigt. Wie soll sie aber an diese herankommen? Ins Nestinnere kann sie nicht eindringen, also wartet sie geduldig darauf, daß Ameisen einmal ihr Nest wechseln oder ein Zweignest bilden und dabei auch ihre Larven transportieren. Daher sind zweignest-bildende Ameisenarten am häufigsten von ihr parasitiert.

Räuber

In ihrer Größenordnung sind die Ameisen die weitaus individuenreichste Tiergruppe in Wald und Feld und spielen daher als Nahrung für viele insektenfressende Tiere eine große Rolle (s. auch Kap. 15). Vor allem Spinnen, Raubinsekten, Amphibien, Reptilien, Spitzmäuse und Vögel stellen den Ameisen am Boden, auf Pflanzen oder in der Luft nach. Allein von den Jungköniginnen fallen mehr als 99 % den ameisenfressenden Tieren zum Opfer. Von diesen wollen wir hier nur zwei Insekten, eine Spinne und eine Vogelgruppe etwas näher betrachten.

Der auffallend schön gefärbte Vierpunktkäfer *Clytra quadripunctata* lebt außerhalb von Ameisennestern, durchläuft aber seine Larvenentwicklung im Nest der Roten Waldameisen. Zur Zeit der Eiablage klettert das Käferweibchen auf einen Baumast, einen gebogenen Grashalm oder einen anderen erhöhten Punkt über dem Nesthügel und läßt von dort Ei für Ei in das Ameisennest fallen. Diese Eier sind raffiniert getarnt: sie ähneln einem winzigen Kiefernzapfen, da sie schuppenförmig von einem dunklen, rasch erhärtenden Sekret umhüllt sind. Die Ameisen betrachten diese Gebilde als Nestmaterial. Die im Nest schlüpfende Käferlarve umgibt sich mit einem Sack aus Kot, den sie mit sich herumträgt und in den sie sich zurückzieht, wenn ihr Gefahr droht. Sie ernährt sich von Eiern, Larven und Puppen der Ameisen und verpuppt sich schließlich kurz unter der Nestoberfläche. Der junge Käfer hat es dann nicht mehr weit, um aus dem Ameisennest zu gelangen. Wird er dabei dennoch von den Ameisen angegriffen, stellt er sich tot und ist mit seinem spiegelglatten Panzer unangreifbar. Die räuberischen *Clytra*-Larven kommen manchmal in so großer Zahl in einem *Formica*-Nest vor, daß das Staatsgefüge durcheinandergerät und die Ameisen das Nest verlassen, um sich an anderer Stelle ein neues zu bauen.

Eine andere Insektenlarve, der bekannte Ameisenlöwe, erbeutet erwachsene Ameisen mit Hilfe einer

Trichterfalle, die er in den Erdboden gräbt. Er ist die Larve der libellenähnlichen, aber mit den Florfliegen verwandten Ameisenjungfer *Myrmeleon formicarius* (Abb. 35). Diese läßt ihre Eier auf den Sandboden fallen, und jede der daraus schlüpfenden Larven baut im Boden einen kleinen Trichter, den sie mit zunehmender eigener Größe laufend vergrößert. Am Grunde des Trichters, im Sande verborgen, lauert sie dann auf Beute (Abb. 36). Fällt eine Ameise oder ein anderes kleines Tier in den Trichter und versucht, die schräge, nachrutschende Wand emporzuklimmen, wird es von Sandfontänen, die der Ameisenlöwe entgegenschleudert, zum Trichtergrund heruntergeholt und dort von den großen Mandibeln des Raubinsektes ergriffen.

Unter den vielen Spinnen, die Ameisen im Lauf, Sprung oder Netz erbeuten, ist die wohl interessanteste die Schwarzglänzende Kugelspinne, *Dipoena tristis*. Man nennt sie auch „Galgenspinne", weil als Zeichen ihrer Tätigkeit tote Rote Waldameisen an Fäden von den Zweigen junger Kiefern herunterhängen. Die Spinne spannt in der Nähe von Blattlauskolonien, die von den Ameisen besucht werden, ihre klebrigen Fangfäden aus, und wenn ein Faden von einer Ameise berührt wird, eilt sie blitzschnell aus ihrem Versteck, lähmt die Ameise mit ihrem Giftbiß und umwirft sie lasso-ähnlich mit Spinnfäden. Dann hängt sie das umschnürte Opfer an einen Faden und saugt es aus. Die Spinne ist auf den Fang von *Formica*-Arten spezialisiert.

Alle Raubinsekten und Spinnen bleiben aber weit hinter dem zurück, was insektenfressende Vögel an Ameisen verzehren. Unter ihnen sind die Spechte als wich-

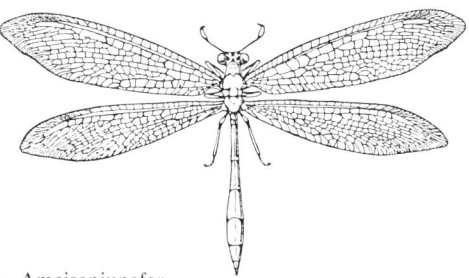

Abb. 35 Ameisenjungfer

Abb. 36 Larve der Ameisenjungfer („Ameisenlöwe") mit Sandtrichter-Falle (im Schnitt)

tigste Ameisenfeinde überhaupt zu betrachten. Man unterscheidet bei ihnen Baumspechte (Buntspechte und Wendehals) sowie Erdspechte (Schwarz-, Grün- und Grauspecht). Letztere suchen nicht nur an Bäumen, sondern auch auf dem Waldboden nach Nahrung, insbesondere Ameisen. Das ist für die Roten Waldameisen am gefährlichsten im Winter. Dann treiben die Erdspechte Gänge in die Ameisenhaufen (Abb. 37), bis sie zu den Erdschichten gelangen, wo die Ameisen überwintern. Der Schaden ist ein doppelter: Vernichtung vieler Ameisen und Nestzerstörung.

Nestzerstörer

Beschädigungen des Nestes führen in leichteren Fällen zu Entwicklungsverzögerungen bei Einzeltieren und beim Staat, in schweren Fällen zu Zusammenbruch des Staatengefüges und Aufgabe des Nestes. Soeben wurden die Erdspechte als Zerstörer von Waldameisennestern genannt. Für den Rückgang unserer Roten Waldameisen sind sie jedoch nicht verantwortlich. In der unberührten Natur ist das Verhältnis zwischen Ameisen und Ameisenfeinden eingespielt: es besteht ein Gleichgewicht. Unter den Einwirkungen des Menschen, auf die wir im nächsten Abschnitt zurückkommen, wurde dieses Gleichgewicht jedoch gestört. Es gibt heute viele Wälder, wo die Roten Waldameisen nur noch in wenigen Kolonien vorkommen. Hier sollte man ihre Nester mit Hauben aus Maschendraht (Abb. 38) vor den Spechten und anderen Nestzerstörern schützen.

Abb. 37 Spechtlöcher in Ameisenhaufen während der Winterruhe

Abb. 38 Maschendrahtschutz über einem Waldameisennest

Auch die Wildschweine, die in den vergangenen Jahrzehnten immer häufiger wurden, richten an Waldameisennestern oft große Schäden an. Sie wälzen sich im Sommer in den belebten und im Winter in den unbelebten Nestern. Im letzteren Fall könnte man daran denken, daß sie in kühlen Nächten die relative Wärme des Streuhaufens suchen. Warum wälzen sie sich aber auch im Sommer darin? Hier ist zu vermuten, daß sie sich mit Hilfe des Ameisengiftes von ihren Parasiten befreien, also ein reinigendes „Ameisenbad" nehmen wollen. Das ist deshalb wahrscheinlich, weil auch manche Vögel Ameisenbäder nehmen.

Vor allem Amseln, andere Drosseln und der Star wurden hierbei öfter beobachtet. Sie reiben ihren Körper auf der Oberfläche des belebten Ameisenhaufens und werden dabei natürlich von den gestörten Ameisen mit Giftfontänen bespritzt. Das Gift, die Ameisensäure, tötet ihre Gefiederparasiten, die Federlinge. Manche der Vögel wenden auch ein anderes Verfahren an: Sie greifen außerhalb des Nestes einzelne Waldameisen mit dem Schnabel und reiben sie sich in das Gefieder. Der Volksmund bezeichnet beide Verhaltensweisen als „Einemsen" (Einreiben mit Emsen = Ameisen). Die Nestbeschädigungen bei Ameisenbädern der Vögel sind, verglichen mit jenen durch Spechte und Wildschweine, natürlich gering.

Bei der Betrachtung von Nesteinmietern wurde bereits erwähnt, daß auch die Suche nach Rosenkäferlarven in den äußeren Schichten der Waldameisenhügel mehrere Tierarten, vor allem Dachse, Wildschweine und Waldmäuse, dazu veranlaßt, die Nester zu beschädigen.

Der Mensch
Der schlimmste aller Ameisenfeinde ist der Mensch. Wie könnte es auch anders sein, denn der zivilisierte und technisierte Mensch lebt naturfern und naturzerstörend. Hierüber wird in den nächsten Kapiteln noch einiges zu sagen sein. An dieser Stelle soll die Feststellung genügen, daß alle bisher genannten Ameisenfeinde unter natürlichen Verhältnissen die Existenz unserer Ameisen nicht gefährden. Der einzige Ausrottungsfaktor ist der Mensch. Im folgenden seien nur solche Tätigkeiten des Menschen betrachtet, die den Ameisen direkt schaden: Sammeln von Ameisenpuppen, Gewinnung von Ameisenspiritus sowie Nestzerstörung. Eine vierte Tätigkeit, die Bekämpfung von Ameisen, sei hier ausgeklammert und soll uns später noch beschäftigen (Kap. 16).
Das Sammeln von Ameisenpuppen (meist fälschlich „Ameiseneier" genannt) als Fisch-, Terrarientier- und Vogelfutter sowie die Gewinnung von Ameisenspiritus als Antirheumamittel haben in den letzten Jahren erfreulicherweise stark nachgelassen. Das beruht sicher weniger auf zunehmender Einsicht oder gar auf der abschreckenden Wirkung des Naturschutzgesetzes (denn die Roten Waldameisen stehen seit mehr als 100 Jahren unter Schutz), als vielmehr darauf, daß diese für den Sammler nicht gerade angenehmen Tätigkeiten sich immer weniger lohnen. Tiernahrungs- und Rheumamittel gibt es heute in reicher Auswahl und preisgünstig im Handel. Wie stark jedoch das Puppensammeln in früherer Zeit gewesen ist und am Rückgang der Waldameise beteiligt war, geht allein aus folgen-

den zwei Notizen des 18. und 19. Jahrhunderts hervor. So gab es um 1740 in Berlin noch „Ameisen-Hoflieferanten", welche Ameisenpuppen für die Aufzucht von Fasanen in den königlichen Fasanerien lieferten. Und einer Meldung aus Wien, 1876, ist zu entnehmen, daß damals in einem einzigen Dorf in der Steiermark jährlich 6 000 Liter getrockneter Puppenkokons der Roten Waldameisen zum Verkauf gebracht wurden.

Nicht so verheerend für die Ameisenvölker wie das Puppensammeln, aber grausamer ist das Verfahren, mit Alkohol gefüllte Flaschen in Ameisenhaufen zu stecken, um die Ameisensäure der ertrunkenen Tiere in Mischung mit dem Alkohol als Einreibemittel gegen Rheuma zu verwenden. Die Ameisensäure (HCOOH) wird seit langem synthetisch hergestellt und ist Bestandteil vieler Rheumamittel. Es gibt also keine Entschuldigung mehr dafür, Tausende von Waldameisen zur Gewinnung von Ameisensäure zu ertränken.

Der verbreitetste direkte Schaden, den der Mench den Waldameisen heute noch zufügt, besteht in der Beschädigung der Nesthügel. Er beruht zum größten Teil auf Unachtsamkeit beim Forstbetrieb (Fällen und Herausschleifen von Bäumen), zu einem beträchtlichen Teil aber noch immer auf Absicht. Man braucht nur einmal in stadtnahen Wäldern die Ameisenhaufen zu betrachten, die durch Äste, Steine, Flaschen und andere Dinge beschädigt oder zerstört wurden. Hier sollte eine noch bessere Aufklärung als bisher, beginnend schon in den Schulen, dafür sorgen, daß die Bedeutung der Ameisen und ihre Schutzbedürftigkeit endlich allgemein erkannt und anerkannt werden.

15. Sag' mir, wo die Blumen sind!

Die Rolle der Ameisen im Naturhaushalt

Der in der Überschrift zitierte Anfang eines bekannten Liedes fragt nach dem Verbleib von Blütenpflanzen, die in den vergangenen Jahrzehnten immer weniger geworden sind. Das Lied könnte ebenso gut nach den inzwischen verschwundenen Tieren fragen. Ob Pflanzen oder Tiere, die Gründe ihres Verschwindens gehen stets auf den Menschen zurück.
Von einigen für die Waldameisen verhängnisvollen Tätigkeiten des Menschen war bereits im vorigen Kapitel die Rede. Dabei handelte es sich um direkt schädliche Einwirkungen wie Puppensammeln und Nestzerstörung. Viel schwerwiegender sind aber die indirekt schädlichen Wirkungen, die aus der naturfernen Lebensweise des Menschen hervorgehen. In zunehmendem Maße greift der Mensch verändernd in die Natur ein: Er baut ein immer dichteres Straßennetz, durchzieht die Landschaft mit Elektromasten, legt Sümpfe und Teiche trocken, baut Kanäle, reguliert Flüsse, läßt Bäche verschwinden, senkt das Grundwasser, verwandelt Naturwälder in gleichförmige „Holzfabriken", vernichtet mit Pestiziden die Wildpflanzen und verseucht das Wasser, den Boden und die Luft mit giftigen Abfällen aller Art. Gleichzeitig dehnt er seine Siedlungen und Industriegebiete immer weiter aus. Das Ganze ist

eine riesige Landschaftsumgestaltung, die mit einer Verarmung der Pflanzen- und Tierwelt einhergeht.

Auch die Ameisen sind von dieser Naturzerstörung betroffen, am schwersten wohl die Waldameisen. Sie finden in den einförmigen Wäldern nicht mehr genügend Nahrung und Siedlungsmöglichkeiten und sind daher fast überall stark zurückgegangen. Nun liegt es aber im Wesen des Ökosystems – und auch der Wald bildet ja ein solches System –, daß alles mit allem zusammenhängt. Auch der Rückgang der Ameisen hat daher für den Wald seine Folgen.

Wenig bekannt ist, daß die Samen zahlreicher Blütenpflanzen ausschließlich von Ameisen verbreitet werden. Zu ihnen gehören Veilchenarten, Schneeglöckchen, Bienensaug, Ehrenpreis, Wachtelweizen, Schöllkraut, Perlgras und viele andere. Man bezeichnet sie als Ameisenpflanzen oder Myrmekochoren. Bereits 1906 schrieb der schwedische Botaniker SERNANDER ein Buch über die europäischen Ameisenpflanzen. Er stellte in Eichenwäldern rund 80, in Buchenwäldern 40 und in Nadelwäldern 15 Arten dieser Pflanzen fest. Nach seinen Beobachtungen wurden von einer mittleren *Formica*-Kolonie in 3 Monaten 36 500 und von einer kleinen *Lasius*-Kolonie in 2 Monaten 650 Samen von Ameisenpflanzen ausgestreut. Auch außerhalb von Wäldern sind myrmekochore Pflanzen weit verbreitet. Eine nähere Betrachtung der Pflanzenwelt alter Mauern ergab beispielsweise, daß dort von rund 90 Arten Blütenpflanzen 60 durch Ameisen verbreitet werden. Die Beziehungen zwischen Ameisen und Ameisenpflanzen haben wiederum den Charakter einer

Symbiose, also des Zusammenlebens zu gegenseitigem Vorteil. Die Pflanzen bieten den Ameisen ein nahrhaftes Anhängsel (Eleiosom) an ihren Samen. Dieses veranlaßt die Ameisen, die Samen aufzunehmen, sie fortzutragen und nach dem Verzehr des Anhängsels liegenzulassen.

Ameisenarme Wälder sind somit auch arm an Ameisenpflanzen. Pflanzenarmut hat wiederum Tierarmut zur Folge. Denn in der Krautschicht des Waldes, zu der die Ameisenpflanzen gehören, leben viele kleine Tiere, vor allem Insekten, die teils diese Pflanzen verzehren, teils aber räuberisch oder parasitisch von anderen Insekten leben. Wenn solche Räuber (Raubwanzen, Raubkäfer, Ameisen, Netzflügler u. a.) und Parasiten (Schlupfwespen, Raupenfliegen u. a.) ihre Tätigkeit auf diejenigen Insekten ausdehnen, die für die Bäume schädlich sind, und das tun sie in großem Umfang, wirken sie als Schädlingsfeinde. In pflanzenreichen, noch weitgehend natürlichen Wäldern halten die Schädlingsfeinde die Schädlinge in Schach, so daß diese keine starken Schäden anrichten können. Man spricht dann von einem stabilen biologischen Gleichgewicht. In pflanzen- und tierarmen Wäldern dagegen gibt es zu wenige Schädlingsfeinde und entsprechend zu viele Schädlinge. Das biologische Gleichgewicht ist gestört.

In diesem Zusammenhang ist auch wichtig, daß Ameisen aufgrund ihrer großen Individuenzahl zu einer Nahrungsgrundlage für viele Tiere, vor allem für Vögel, geworden sind. Nicht nur die Spechte, sondern auch zahlreiche andere Vogelarten haben Ameisen auf ihrem Speisezettel. Als man in Süddeutschland einmal ameisenreiche und ameisenarme Wälder hinsichtlich ihrer Vogelfauna verglich, fand man in den ersteren rund 15 % mehr Vögel als in den letzteren. Da die Vögel neben Ameisen auch andere Insekten verzehren, also ebenfalls wichtige Schädlingsfeinde sind, wirken somit die Ameisen auch auf diesem Wege, über die Förderung der Vögel, schädlingsvermindernd.

Nach alledem haben die Ameisen gleich dreifache schädlingsvermindernde Wirkung: direkt als Räuber und indirekt als Förderer der schädlingsvertilgenden Insekten sowie der Vögel. Jedoch ist damit die Rolle der Ameisen im Naturhaushalt noch nicht erschöpft. Für alle Pflanzenbestände, somit auch für die Wälder, ist sehr wichtig, daß Ameisen mit ihren zahlreichen größeren und kleineren Nestbauten den Boden lokkern, durchlüften und damit die bodenbildende Tätigkeit der Bakterien, Pilze, Einzeller, Fadenwürmer und anderer Kleinlebewesen vorbereiten. Da diese Bodenorganismen die Nährstoffe für die Pflanzen bereitstellen, führt die wühlende Tätigkeit der Ameisen zur Verbesserung des Pflanzen-, damit auch des Wald-Wachstums. In die gleiche Richtung einer Zersetzung und Umbildung von organischem Material zu Pflanzennährstoffen wirkt die Ansiedlung vieler Ameisenkolonien in Baumstümpfen und anderem abgestorbenem Holz. Schließlich haben die Ameisen, worauf früher schon hingewiesen wurde, auch die Funktion einer „Gesundheitspolizei", welche die vielen kleinen Tierleichen beseitigt. Auch diese organischen Substanzen werden – über den Stoffwechsel der Ameisen – dem großen Nährstoffkreislauf im Ökosystem zugeführt.

16. Die Ameise des Pharao

Über Nutzen und Schaden der Ameisen

Einer der Wesenszüge des Menschen besteht darin, alle Dinge – und somit auch alle Naturdinge – zunächst daraufhin zu betrachten, ob sie für ihn von Nutzen oder Schaden sind. Ob er selbst für die Natur nützlich oder schädlich ist, bekümmert ihn weniger.
Wollte man für die Ameisen insgesamt eine Nutzen-Schaden-Analyse aufstellen, würde sie sehr positiv ausfallen. Wir haben im vorangegangenen Kapitel gesehen, welch bedeutsame Rolle die Ameisen im Naturhaushalt spielen, und natürlich schlägt diese ökologische Rolle auch ökonomisch, das heißt für die Land- und Forstwirtschaft, positiv zu Buche. Vor allem hat den Menschen seit jeher das räuberische Verhalten der Ameisen interessiert. Es ist ja auch beeindruckend zu sehen, wie viele Beutetiere, insbesondere Insekten, zu den Ameisennestern geschleppt werden. Dies führte schon früh zu dem Gedanken, sich der Ameisen gezielt zur Bekämpfung bestimmter Schädlinge zu bedienen.
Bereits um 300 nach Christus wurden in China Ameisen in Strohsäcke gefüllt und auf dem Markt als Mittel zur Bekämpfung von Mandarinenbaum-Schädlingen verkauft. Über die Ergebnisse steht nichts geschrieben. Doch können wir aus unseren heutigen Erfahrungen annehmen, daß sie nicht befriedigend waren. Mit einem Sack Ameisen ist nichts getan, wenn daraus nicht

ein geordneter Ameisenstaat hervorgeht. Er allein ist die Grundlage für eine gezielte räuberische Tätigkeit. Damit aus einem Sack Ameisen ein Staat wird, sind eine Königin – oder bei polygynen Arten viele Königinnen – sowie ein geeigneter Standort nötig. In bezug auf diesen sind die Ameisen besonders heikel. Die Erfahrung mußten auch zahlreiche europäische Forstleute machen, die in den vergangenen Jahrzehnten versuchten, die Kleine Rote Waldameise *Formica polyctena* in Nadelwäldern wiederanzusiedeln.

Die Technik einer solchen künstlichen Ameisenverbreitung besteht darin, daß man aus einem größeren Volk eine Handvoll begatteter junger Königinnen zusammen mit einer genügend großen Zahl Arbeiterinnen entnimmt und an einer geeignet erscheinenden Stelle aussetzt. Als Starthilfe gibt man Nadelstreu und Reisig sowie eine Schutzhaube aus Draht hinzu. Auf diese Weise wurden in Nadelwäldern bereits mehr als tausend „Pioniernester" angesiedelt. Die Erwartung dabei war, daß man mit 4 Ameisenhaufen pro Hektar einen Kiefern- oder Fichtenwald schädlingsfrei machen und erhalten könne. Man gründete diese Erwartung darauf, daß es bei großen Schädlingsvermehrungen inmitten der kahlgefressenen Bäume oft „grüne Inseln" gibt. Und man glaubte, entdeckt zu haben, daß sich eine solche schädlingsfreie oder -arme grüne Insel immer um einen Ameisenhaufen herum bildet, weil dort die Ameisen die Schädlinge vertilgen. Diese Meinung hat sich als nicht haltbar erwiesen, denn die meisten grünen Inseln sind ohne Ameisenhaufen. Die Ursache des unterschiedlichen Schädlingsfraßes liegt, wie man heute weiß, in kleinflächigen Standortunterschieden. Besser mit Wasser versorgte Bäume sind infolge bestimmter chemischer Prozesse in ihren Nadeln und Blättern (sie sind zuckerarm, während die Insekten zuckerreiche Nahrung benötigen) widerstandsfähiger gegen Insektenfraß als die schlecht mit Wasser versorgten Bäume. Daß die Wasserversorgung hierbei sehr wichtig ist, besagt schon das alte Wort „Trockenjahre sind Insektenjahre".

Die genannten Versuche zur Ansiedlung der Kleinen Roten Waldameise führten schon deshalb zu keinem positiven Ergebnis, weil die meisten Pioniernester nicht dort blieben, wo sie ausgebracht wurden. Sie starben entweder ab oder wanderten zu anderen Stellen, so daß eine gleichmäßige Verteilung von Ameisenhaufen nicht zustandekam. Aber selbst wenn sie zustandegekommen wäre, hätten die Waldameisen von ihrer Lebensweise her keinen Flächenschutz bieten können. Wir sahen in einem früheren Kapitel, daß zwei Drittel der Nahrung von *Formica* aus Blattlauszucker besteht. Daher sind die Ameisenstraßen nur auf bestimmte Bäume gerichtet, nämlich solche, die große Blattlauskolonien beherbergen. Die anderen Bäume, und das sind die meisten, werden nicht von Ameisen belaufen und können daher von diesen auch nicht schädlingsfrei gemacht werden.

So unzweifelhaft die direkte und indirekte Beteiligung der Ameisen an der Schädlingsvertilgung ist, darf doch nicht übersehen werden, daß die Ameisen nur eines der vielen Glieder im Ökosystem-Getriebe sind. Sie verbreiten nur einen Teil der Blütenpflanzen, und sie vertilgen nur einen Teil der Schädlinge, und sie vertilgen natürlich auch Nützlinge (wie Spinnen, Raubwanzen, Schlupfwespen u. a.). Das mindert ihre ökologische Rolle durchaus nicht. Doch sollte man sich nicht einbilden, durch Manipulationen von Ameisen das Ökosystem ändern und damit jahrhundertealte Fehler des Waldbaues korrigieren zu können. Das Ziel, unsere Wälder krisenfest zu machen, ist nur auf einem Wege erreichbar: durch Umwandlung der gleichartigen und gleichalten Baumbestände in gemischte, naturnahe Wälder. Nur sie sind pflanzen- und tierreich und besitzen ein stabiles biologisches Gleichgewicht.

Eine andere wirtschaftliche Bedeutung der Ameisen im Walde aber sei hier noch erwähnt: die Steigerung des Waldhonig-Ertrages durch die mit der Blattlauszucht verbundenen Erhöhung der Blattlauszucker-Produktion. Der gute Honigertrag aus ameisenreichen Wäldern ist den Imkern lange bekannt. Und je mehr die Honigbiene infolge der großflächigen Unkrautbekämpfung ihre nektar- und pollenspendenden Sammelpflanzen (Trachtpflanzen) im freien Feld verliert, desto mehr gewinnt der Blattlauszucker als Quelle der Honigbereitung an Bedeutung. Für den Honig ist es gleich, aus welchen Rohstoffen ihn die Biene in ihrem Körper herstellt; jeder weiß, daß der Waldhonig („Tannenhonig") eine besondere Delikatesse ist. Man hat im Schwarzwald festgestellt, daß der Honigertrag, den die Waldimkerei in ameisenreichen Wäldern erzielt, dreimal so hoch ist wie in ameisenarmen. Vor allem in den Wäldern unserer Mittelgebirge und der Alpen, wo es noch mehr Waldameisen als in der Ebene gibt, liegen noch große Reserven der Waldhonig-Produktion.

Soviel vom Nutzen und von den Versuchen zur Nutzung unserer Ameisen. Frühere Nutzungen in Form des Puppensammelns und der Gewinnung von Ameisensäure sind heute ungesetzlich und stehen nicht mehr zur Debatte. Gehen wir nunmehr zum Schaden über. Schädlich oder lästig werden dem Menschen in unserem Lande nur sehr wenige Ameisen. Es sind: die zwei forstwirtschaftlich schädlichen Riesenholzameisen; einige kleine Ameisenarten in Gärten, die gelegentlich auch in Häuser eindringen; sowie die hygienisch schädliche Pharao-Ameise.

Die Riesenholzameisen *Camponotus herculeanus* und *C. ligniperda* bauen, wie bei der Betrachtung der Ameisennester bereits beschrieben, ihre oft mehrere Meter hohen Nester im Innern von (meist lebenden) Nadelbäumen, vorzugsweise Fichten (Abb. 11). Der Befall ist äußerlich nicht sichtbar, da die Tiere von den Wurzeln her ins Bauminnere vordringen. Der Schaden besteht in einer Zerstörung des Holzes. Die außen unter der Rinde verlaufenden Wasser- und Nährstoffleitbahnen bleiben unversehrt, weshalb der Baum weiterlebt, bis er gefällt oder vorher bei einem Sturm in Höhe des inneren Ameisennestes gebrochen wird. Ein zusätzlicher Schaden entsteht oft dadurch, daß die Spechte Stämme aufhacken, die von *Camponotus*-Ameisen befallen sind. Sie haben hierfür ein feines Ortungsvermögen: der Klang ihrer Schnabelhiebe zeigt ihnen an, ob sich in dem Stamm ein *Camponotus*-Nest befindet. Da das fertig entwickelte *Camponotus*-Volk sich nicht mit einem Baum begnügt, sondern sein Nest auf bis zu 10 und mehr Bäume ausdehnen kann, ist der

Schaden oft erheblich. In einem 250×300 m großen Fichtenbestand in Unterfranken wurden nicht weniger als 110 befallene Bäume (vor allem am besonnten Waldrand) gezählt, die zu 30 Nestern gehörten. Die größte Kolonie umfaßte 13 Bäume. Für den Forstmann gilt es, den Nestbau so früh wie möglich zu erkennen und durch Fällen des Baumes oder der Bäume zu beseitigen. Eine solche Früherkennung ist neuerdings durch ein elegantes Verfahren leicht gemacht worden: man stellt den Ameisen auf dem Waldboden ein Schälchen mit radioaktiv markiertem Zuckerwasser hin und untersucht sodann mit einem Geigerzähler die umstehenden Bäume. Das Gerät ortet durch die Rinde und das Holz hindurch die ins Bauminnere gebrachten markierten Nahrungsteile. Auf diese Weise erhält man Auskunft über die Ausdehnung jedes Teilnestes wie auch des gesamten Nestverbandes.

Die in unseren Gärten vorkommenden kleinen Ameisen gehören überwiegend der Gattung *Lasius* sowie der Art *Tetramorium caespitum* (Rasenameise) an. Bei ihnen kann man, solange sie im Garten bleiben und nicht ins Haus eindringen, von einem eigentlichen Schaden nicht sprechen. Sie gehören vielmehr zur Kategorie der „Lästlinge", die uns vielleicht manchmal auf die Nerven fallen, aber nicht wirklich schädigen. Gewiß besuchen und fördern auch sie an den Gartenpflanzen die Blattläuse, aber gerade in unseren naturfernen Gärten gelangen die Blattläuse meist dank ihrer enormen Vermehrung (bei trocken-warmem Wetter 7 Generationen und mehr) zur Bevölkerungsexplosion, so daß hier die geringfügige Förderung durch Ameisen gar nicht ins

Gewicht fällt. Andererseits bilden gerade in unseren künstlichen Gärten die Ameisen die wichtigste Gruppe von Schädlingsfeinden. Der Gartenbesitzer würde staunen, wenn er sähe, welche Mengen an Schädlingen so ein Ameisenvolk von den Gartenpflanzen herunterholt. Deshalb sollte er immer abwägen, ob die Ameisen ihm wirklich so unangenehm werden, daß er direkt gegen sie vorgehen muß. Außerdem sollte er grundsätzlich vor jeder Anwendung eines chemischen Bekämpfungsmittels (gegen wen dieses auch immer gerichtet sei) überlegen, ob es nicht besser wäre, darauf zu verzichten, um die Kleinräuber-Fauna zu erhalten, zu der außer Ameisen auch Spinnen, Marienkäfer, Schwebfliegen und viele andere Kleintiere gehören. Falls es in Einzelfällen notwendig werden sollte, besonders große Ameisennester im Rasen, auf Beeten oder unter Steinen zu vernichten, so verzichtet man am besten auf chemische Mittel. Mehrere Güsse heißen Wassers zerstören das Nest und töten die Ameisen rasch und schmerzlos.

Anders liegen die Dinge, wenn es den Gartenameisen einfällt, eine Ameisenstraße in das Haus hinein zu richten oder gar ihr Nest in Mauerritzen, Fehlböden oder Balken im Hausinnern selbst zu bauen. Wohl kaum jemand wird heute noch der Empfehlung eines vor 80 Jahren erschienenen Buches folgen, in solchen Fällen ein paar Hühner mit ins Haus zu nehmen und diese unter den Ameisen aufräumen zu lassen. Die Bekämpfung von Ameisen im Haus muß davon ausgehen, vor allem die eierlegende Königin in dem oft nicht erreichbaren Nest zu töten. Zu diesem Zweck legt man vor dem Nesteingang einen der vom Bundesgesundheitsamt zugelassenen Ameisengiftköder aus. Dabei handelt es sich um Präparate, in denen ein Freßlockstoff mit einem Ameisengift verbunden ist. Die Ködersubstanz wird von den Arbeiterinnen in den Kropf aufgenommen und im Nest auch an die Königin verfüttert. Es ist selbstverständlich, bei der Anwendung des Bekämpfungsmittels die beigegebenen Anweisungen im Hinblick auf den Schutz von Mensch und Haustier zu beachten.

Manchmal kommt es auch vor, daß ein Schwarm fliegender Geschlechtstiere irgendeiner Ameisenart, oft von weither, sich durch offene Fenster oder Türen in eine Wohnung verirrt. Dann können Wände und Möbel dicht von ihnen bedeckt sein. Das sieht viel schlimmer aus, als es ist. Da die Tiere sich nur verflogen haben, sollte man sie zum Weiterflug veranlassen, indem man Durchzug erzeugt oder auch mit einem Ventilator nachhilft.

Im Jahre 1874 wurden erstmals in Deutschland, in einem Warmbad in Aachen, 2 mm große, bernsteingelbe Ameisen festgestellt, die man als Pharao-Ameisen *Monomorium pharaonis* erkannte. Diese kleine Knotenameise war schon in den Jahrzehnten zuvor aus mehreren europäischen Ländern, vor allem aus den Mittelmeergebieten, gemeldet worden. Heute ist sie über die ganze Welt verbreitet. Ihr Name zeugt von der früheren Annahme, daß Ägypten ihre Heimat sei, wo ihre Nester angeblich auch in den Mumien von Pharaonen gefunden wurden. Neuerdings glaubt man dagegen, daß sie aus Indien stammt.

In den gemäßigten Klimazonen der Erde und somit auch in Mitteleuropa kann die sehr wärmebedürftige Pharao-Ameise nur in wintergeheizten Räumen existieren. Man findet sie deshalb hauptsächlich in Hotelküchen, Großbäckereien, Hallenbädern und, vor allem, in Krankenhäusern und Sanatorien. Dort hat sie ihre verzweigten Nester meist in unzugänglichen Mauerspalten, wobei es ihre Winzigkeit erlaubt, durch feinste Öffnungen und Ritzen überall hinzugelangen. Man hat festgestellt, daß sie unter der Isolierung der Fernheizungsrohre sich über weite Strecken ausbreitet. Ihre Schädlichkeit liegt vor allem im gesundheitlichen Bereich, da sie als Überträgerin vieler Krankheitskeime bekannt ist. In Krankenhäusern kann sie sogar unter den Wund- und Gipsverbänden zu den Wunden vordringen. Wird sie dabei gestört, setzt sie ihren Giftstachel ein, was den Patienten zusätzliche Pein bereitet. Diese schädlichste aller heimischen Ameisen kann man neuerdings mit einem eigens für sie entwickelten Fraßgiftköder, der bei anderen Ameisenarten nicht wirkt, mit sehr gutem Erfolg bekämpfen (s. Hinweis im 1. Absatz der Seite 146).

17. Ist die Ameise ein Minimensch?

Vergleich zwischen Ameise und Mensch

Es verwundert nicht, daß eine Tiergruppe, die Staaten bildet, Berufe ausübt, Viehzucht und Vorratswirtschaft betreibt, Straßen baut und Sklaven hält, den Menschen seit jeher besonders interessiert. Man konnte sich lange Zeit diese Menschenähnlichkeit nicht anders erklären als durch die Annahme, es handele sich hier um intelligente Wesen, gewissermaßen um „Minimenschen". Ja, es gab bis in das 19. Jahrhundert Stimmen, welche die Ameisen geistig über den Menschen stellten.

Als die Naturwissenschaften im 19. Jahrhundert sich rasch entwickelten, begann man auch das Verhalten der Tiere, darunter der Ameisen, in neuem Licht zu sehen. Man erkannte im Tierreich die zentrale Bedeutung der Instinkte, jener auf Anpassung an die Umwelt beruhenden, starren, erblich weitergegebenen, aber dem Tier nicht bewußten Handlungsweisen, die uns oft den Eindruck von Intelligenz vermitteln. Schon lange vorher hatte die Kirche, die es nicht anerkennen konnte, daß Tiere in ihrem Wesen dem Menschen, also dem Ebenbild Gottes, gleichen, sich gegen die Minimensch-Anschauung gewandt.

Das Ringen um das Problem: Intelligenz oder Instinkt im Tierreich, hielt noch bis um die Jahrhundertwende an. Als 1889 der Leipziger Zoologie-Professor MARSHALL von der Beobachtung eines Kollegen erfuhr, wonach Ameisen einen Obstbaum-Leimring durch Auftragen von Erdklumpen überbrückten, um zu den Blattläusen in der Baumkrone zu gelangen, schrieb er hierzu: „Alle Philosophen und sämtliche Theologen sollen mir nicht weismachen, daß wir hier die instinktive Handlung einer unvernünftigen Kreatur vor uns hätten. Wenn das Instinkt ist, dann ist die Erfindung der Dampfmaschine auch Instinkt!"

Wenn man die genannte Überbrückung eines klebrigen Leimrings durch Ameisen für sich allein betrachtet, fällt es tatsächlich schwer, darin eine unbewußte Instinkthandlung zu sehen. Und doch ist es eine. Wenige Jahre später wurde an Hand von Versuchen erkannt, daß die Ameisen allgemein einen tief eingewurzelten Reinigungs-Instinkt besitzen, der sie veranlaßt, in ihrem Lebensraum alles Klebrige mit Erdklümpchen oder anderen Materialien zu bedecken, offenbar um damit Gefahrenquellen zu beseitigen.

Wie so oft bei der Suche nach der Wahrheit, verfiel man nunmehr von einem Extrem ins andere: die Ameise wurde vom „Minimenschen" zur „Reflexmaschine" degradiert, die alle Tätigkeiten automatisch, als Reflexe auf bestimmte Umweltreize, durchführt. Aber wie zumeist, liegt die Wahrheit in der Mitte: die Ameise ist weder Minimensch noch Automat. Wir haben in den vergangenen Kapiteln mehrfach gesehen, daß Ameisen viele Dinge erst lernen müssen, wie zum Beispiel die Unterscheidung von Nestbewohnern und Entwicklungsstadien oder die Verwendung des Sonnenstandes bei der Orientierung im Gelände.

Heute besteht kein Zweifel mehr, daß die sinnvoll erscheinenden Verhaltensweisen der Ameisen auf einem Zusammenwirken von vererbten Instinkten mit erworbenen Erfahrungen beruhen. Die Ameisen sind sehr lernfähig und verstehen das in ihrem Leben Erlernte mit ihren ererbten Verhaltensmustern so zu kombinieren, daß wir den Eindruck von logischen, also überlegten Handlungen gewinnen. Logik, Denken, Vernunft und Bewußtsein aber sind Gehirnleistungen, die nur der Mensch (in Vorstufen auch der Menschenaffe) aufzuweisen hat.

Die staatenbildende Lebensform der Ameisen ist somit kein Produkt von Intelligenz, sondern das Ergebnis eines über lange Zeiträume verlaufenden biologischen Anpassungsvorgangs. Hierfür standen den Ameisen rund 100 Millionen (!) Jahre zur Verfügung, während der Mensch erst vor etwa 10 000 Jahren seine ersten Staaten gründete. Setzt man das Alter der Ameisenstaaten mit 24 Stunden an, bestehen die Menschenstaaten erst knapp 9 Sekunden.

Angesichts dieses riesigen Zeitunterschiedes könnte man meinen, die Ameisenstaaten seien organisatorisch hochperfektioniert und darin den jungen Menschenstaaten weit überlegen. Das stimmt auch, denn perfekt ist im Ameisenstaat einfach alles: es gibt weder Mangel noch Überschuß an Geburten, Arbeitskräften oder Nahrungsmitteln; alle Kinder werden staatlich aufgezogen; es existieren weder Unfrieden noch Verbrechen und damit weder Justiz noch Polizei; es herrscht die totale Abhängigkeit des Einzelnen vom Staat und besteht die bedingungslose Bereitschaft aller, ihr Leben für die Erhaltung des Staates zu opfern. Wir Menschen betrachten einen solchen Perfektionismus als nicht erstrebenswert. Gerade weil der einzelne Mensch im Gegensatz zur Ameise Bewußtsein und Einsicht und damit persönliche Freiheit besitzt, muß sein Zusammenleben mit anderen Menschen ganz anders aussehen als das Zusammenleben der Ameisen.

Die vererbten starren Instinktstaaten der Ameisen und die in ständiger Veränderung begriffenen, auf Intelligenz gegründeten Kulturstaaten des Menschen sind fundamental unterschiedliche Lebensformen, die kaum mehr als das Wort „Staat" gemeinsam haben. Gerade dieses Wort sollte man aber im Zusammenhang mit den Ameisen nicht zu ernst nehmen. Von den drei im 1. Kapitel genannten Kennzeichen eines Staates: Gliederung in Berufe, Einschränkung der persönlichen Freiheit zugunsten des Gemeinwohls sowie zentrale Lenkung, treffen bei genauer Betrachtung zumindest zwei für den Ameisenstaat im Kern gar nicht zu. Denn eine Einschränkung persönlicher Freiheit kann es nur geben, wo persönliche Freiheit vorhanden ist, und das ist bei Ameisen nicht der Fall. Ebenso kann es eine zentrale Lenkung nur geben, wo jemand vorhanden ist, der einen Überblick über das Ganze hat. Im Ameisenstaat blickt jedoch niemand durch, hier geschieht alles unbewußt. Eine „unbewußte Lenkung" ist aber ein Widerspruch in sich. Wenn man schließlich noch bedenkt, daß der Menschenstaat sich aus vielen Familien zusammensetzt, der Ameisenstaat dagegen nur eine große Familie (Mutterfamilie) bildet, erkennt man, daß die Anwendung des Staatsbegriffes auf die Ameisen auf schwachen Füßen steht. Doch ist diese Anwendung nun einmal eingebürgert und kann auch beibehalten werden, sofern man sich ihrer Schwächen bewußt bleibt und im Ameisenstaat kein Abbild oder gar Vorbild des Menschenstaates erblickt.

Wenn wir aber schon einmal beim Vergleich zwischen Mensch und Ameise sind, so drängt sich eine ganz andere Frage auf, nämlich die nach der Stellung beider im Naturhaushalt. Der Mensch ist den Ameisen in den meisten Dingen haushoch überlegen, gilt das aber auch für sein Verhältnis zur Natur? Sicher nicht, denn in welcher Weise er systematisch die Natur und damit seine eigene Lebensgrundlage zerstört, haben wir kennengelernt. Ganz anders die Ameisen. Es gibt millionenmal so viele Ameisenstaaten wie Menschenstaaten, aber der Natur haben sie nicht geschadet, im Gegenteil: sie sind unverzichtbare Glieder des Naturgeschehens geblieben. Hier liegt das, was wir von den Ameisen lernen können – nicht die Organisation des Staates, sondern die Einbindung in die Natur. Wenn der Mensch nicht rasch und gründlich auf seinem verhängnisvollen Weg der Naturzerstörung umkehrt, mag eine Zukunftsvision nicht absurd erscheinen, die eines nicht fernen Tages, wenn die Menschheit abgewirtschaftet hat, das Trillionenheer der vitalen und anpassungsfähigen Insekten, allen voran die Ameise, als Beherrscher des Erdballs sieht.

Übersicht der einheimischen Ameisengruppen und -arten

Die nun folgende Übersicht will das Wichtigste über die Verwandtschaftsgruppen, Unterscheidungsmerkmale und Lebensweise der einheimischen Ameisen in Kurzform zusammenstellen. Unberücksichtigt bleiben dabei jene Arten, die in Gewächshäusern der Botanischen Gärten mehr oder weniger lange am Leben sind, wohin sie von tropischen und subtropischen Gebieten in Wurzelballen und anderen Pflanzenteilen eingeschleppt wurden. Von den Gattungen mit vielen und zum Teil schwer unterscheidbaren Arten seien nur jeweils einige Vertreter näher betrachtet. Die Betrachtung beschränkt sich auf die Arbeiterinnen, die man draußen zumeist auch nur zu Gesicht bekommt. Ein tieferes Eindringen in das System der mitteleuropäischen Ameisen ermöglichen die im Literaturverzeichnis genannten Bücher, insbesondere jene von STITZ und von KUTTER.

FAMILIE FORMICIDAE, AMEISEN
In Mitteleuropa vertreten mit 4 Unterfamilien (UF) (Abb. 2).

Stiel (zwischen Brust und Hinterleib) eingliedrig
Erster Hinterleibsring vom zweiten deutlich abgesetzt
Mit Stachel. Puppen in Kokons . **UF PONERINAE, URAMEISEN**

Erster Hinterleibsring vom zweiten nicht abgesetzt
Stiel mit liegender Schuppe. Hinterleib mit 4 Segmenten. Ohne Stachel. Puppen frei . . . .
UF DOLICHODERINAE, DRÜSENAMEISEN

Stiel mit aufrechter Schuppe. Hinterleib mit 5 Segmenten. Ohne Stachel. Puppen meist in Kokons . . . .
UF FORMICINAE, SCHUPPENAMEISEN

Stiel (zwischen Brust und Hinterleib) zweigliedrig, beide Glieder knotenförmig
Mit Stachel, Puppen frei . . . .
UF MYRMICINAE, KNOTENAMEISEN

UNTERFAMILIE PONERINAE, URAMEISEN

Verbindung zwischen Brust und Hinterleib hoch gewölbt, nicht stielähnlich (Abb. 2 A). Augen sehr klein. Königin gestaltlich kaum von der Arbeiterin verschieden. In Mitteleuropa 2 Gattungen mit je 1 Art:
  Gesicht ohne Mittelfurche . . . . . . *Ponera coarctata* (Abb. 2 A)
  Gesicht mit Mittelfurche . . . . *Hypoponera punctatissima*

Ponera coarctata, Zwergstaaten-Urameise. 2,5–3,5 mm. Dunkelbraun mit gelbbraunen Fühlern und Beinen. In Wäldern und auf Brachflächen unter Moos und Steinen. In kleinen Nestern, die oft nicht mehr als 20 oder 30 Tiere beherbergen. Lebensweise unterirdisch, rein räuberisch ohne Blattlausbesuch. Larvenernährung mit festen Beutestücken. Arbeitsteilung noch kaum ausgebildet. Auch die Königin beteiligt sich an allerlei Arbeiten.

UNTERFAMILIE DOLICHODERINAE, DRÜSENAMEISEN

Bei ihnen ging die Giftdrüse im Hinterleib verloren und wurde durch eine neue Drüse ersetzt, deren aromatisch duftendes Sekret an der Luft rasch trocknet. Mit ihm wird der Gegner verklebt. Hinterleib von oben betrachtet nur mit 4 Segmenten (Körperringen). Königin gestaltlich nur wenig von den Arbeiterinnen verschieden. In Mitteleuropa 3 Gattungen mit zusammen 4 Arten.

Dolichoderus quadripunctatus, Vierfleck-Drüsenameise. 3–4 mm. Kopf schwarz, Brust rotbraun, Hinterleib schwarz mit 2 vorderen kleinen und 2 hinteren großen gelbweißen Flecken. Ihre kleinen Kolonien leben in trockenen Ästen oder unter der Rinde von Laubbäumen, vor allem Nußbäumen. Eigenartig ist die Nestanordnung:

um ein Zentralnest mit der Königin gruppieren sich mehrere Zweignester ohne Königin.

Tapinoma erraticum und *T. ambiguum*, Hyänen-Ameisen (Abb. 2 B) (2–4 mm). Beide Arten nur am männlichen Geschlechtsapparat unterscheidbar. Körper dunkelbraun bis schwarz, bronzeglänzend. In Erdnestern an sonnigen trockenen Orten unter Steinen oder zwischen Pflanzen, im letzten Fall mit Erdkuppel. Beim Laufen biegen sie die Hinterleibsspitze nach oben. Sie gehen gern an ein Aas und tragen nach Kämpfen mit anderen Ameisen deren Leichen als Nahrung ins Nest. Doch erbeuten sie auch kleine lebende Tiere.

Liometopum microcephalum, Große Drüsenameise. 4,5–5,5 mm (Königin 10–11 mm!). Von Süd- und Südosteuropa nördlich und westlich bis Wien verbreitet. Oft große Kolonien in morschem Holz. Mulm teilweise zu Karton verfestigt. Rein räuberisch, sehr angriffslustig

UNTERFAMILIE FORMICINAE, SCHUPPENAMEISEN

Besonders gekennzeichnet durch die große, aufrechte Schuppe am Stiel (Abb. 2 C). Giftstachel fehlend, doch Giftdrüse vorhanden. Hinterleib, von oben betrachtet, mit 5 Segmenten. Hierher gehören unsere größten (*Camponotus*), aber auch kleinsten (*Plagiolepis*) Ameisen. In Mitteleuropa 6 Gattungen mit 52 Arten.

Fühler 11gliedrig. Sehr kleine Arten
(1,1–2,2 mm) . . . . *Plagiolepis*
Fühler 12gliedrig. Arten größer
Kopf vorn scheibenartig platt (Abb. 12) . . . . *Colobopsis*
Kopf vorn gewölbt
Fühler gehen von der Mitte der Stirnleisten (also weit oben) ab
(Abb. 39 A) . . . . *Camponotus*
Fühler gehen unten von den Stirnleisten ab (Abb. 39 B)
Mandibeln schmal, innen glatt . . . . *Polyergus*
Mandibeln breit, innen gezähnt
Fühlergeißel-Glieder 2 bis 6 so lang wie oder kürzer als Glieder 7 bis 11 (Abb. 40 A) . . . . *Lasius*
Fühlergeißel-Glieder 2 bis 6 länger als 7 bis 11 (Abb. 40 B) . *Formica*

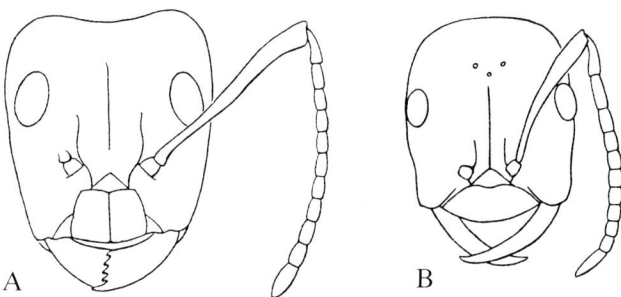

Abb. 39   Fühleransatz bei A *Camponotus* und B *Polyergus*

Abb. 40   Fühlergeißel von A *Lasius* und B *Formica*

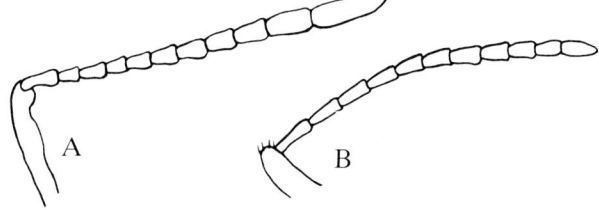

Plagiolepis, Zwergameisen, 4 Arten

Die oft nur wenig über 1 mm großen Ameisen sind variabel gelbbraun bis schwarz gefärbt. In volkreichen polygynen Kolonien unter Steinen oder in Mauerspalten an trocken-warmen Orten. *P. xene* und *P. ampelonis* sind ohne Arbeiterinnen und leben als dauernde Sozialparasiten nach dem Bettelameisen-Typ bei einer der beiden anderen Arten, *P. vindebonensis* (Abb. 41 A) oder *P. pygmaea*.

Colobopsis, 1 Art

Colobopsis truncata, Kolbenkopfameise. 3–6 mm. Vorderkörper rotbraun, Hinterleib schwarzbraun. Glänzend. Die größeren Arbeiterinnen (Soldatinnen) mit abgeplattetem „Kolbenkopf" (Abb. 12), mit dem sie als Pförtnerinnen die Nesteingänge in Baumästen (meist Walnuß) verschließen. Einzige heimische Ameisenart mit gestaltlich scharf getrennter Soldatinnenkaste. In warmen (Weinbau-) Gebieten.

Camponotus, Riesenameisen, 7 Arten

Alle Arten dunkelbraun bis schwarz, 5 kleinere Arten (*C. aethiops*, *C. fallax*, *C. lateralis*, *C. piceus*, *C. vagus*) mit 4–9 mm Länge, die auf die wärmsten Gebiete Mitteleuropas beschränkt sind und ihre Nester in totem Holz oder in der Erde bauen, sowie 2 größere Arten (*C. herculeanus* und *C. ligniperda*) mit 7–14 mm Länge, die über das ganze Gebiet verbreitet sind und ihre Nester fast nur in Holz anlegen.

Camponotus herculeanus und *C. ligniperda*, Riesenholzameisen. Mit bis zu 14 mm bei den Arbeiterinnen und 18 mm bei der Königin größte europäische Ameisen. *C. ligniperda* mit stärker glänzendem Hinterleib und weniger dichter Behaarung als *C. herculeanus*. Letztere Art bevorzugt lebende Bäume und wird dadurch schädlicher als die andere. Im Stammesinneren werden die weicheren Frühjahrs-

Abb. 41 A *Plagiolepis vindobonensis*, und B *Lasius niger* (nach KUTTER)

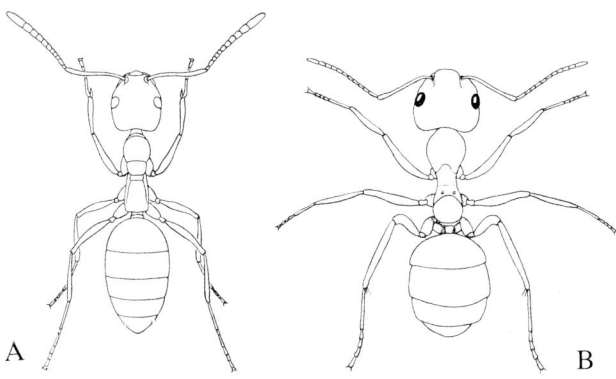

holzschichten der Jahresringe herausgefressen, wodurch senkrechte schmale Kammern entstehen (Abb. 11). Da diese auf langen Strecken ohne horizontale Böden sind, werden die Larven mit ihren hakenförmigen Haaren an den rauhen Holzwänden aufgehängt. Der Eingang in den Baum erfolgt vom Wurzelraum her. Staatenbildung selbständig. Bei beiden Arten entstehen oft nach dem Hochzeitsflug noch Männchen, die dann im Nest überwintern und sich am nächstjährigen Hochzeitsflug beteiligen.

Polyergus, 1 Art

Polyergus rufescens, Amazonenameise. 6–8 mm, rotbraun glänzend. In warmen Gebieten. Stets in gemischten Kolonien mit den Sklavenameisen *Formica fusca* oder *F. rufibarbis*, deren Puppen sie regelmäßig rauben. Mit ihren langen, spitzen Mandibeln sind sie zu eigener Ernährung und anderen Arbeiten nicht mehr fähig. Da auch das Nest von den Sklavinnen gebaut wird, hat die Amazonenameise keinen eigenen Nesttyp.

Lasius, Wegameisen, 14 Arten

Kleine Schuppenameisen (bis 5,5 mm), deren Königinnen viel größer (bis 10 mm) sind. Mit meist großen Schwarmbildungen. Ihre Larven- und Puppenentwicklung verläuft auffällig langsam. Erd- oder Holzbewohner, zum Teil Kartonbildner. Man kann die Arten in drei Farbgruppen gliedern:

Pechschwarz glänzend: *L. fuliginosus*

Braunrot bis -schwarz, Augen unbehaart: *L. alienus*, *L. brunneus*, *L. emarginatus*, *L. niger*

Honiggelb bis braungelb, Augen behaart
   Kopfseiten aufgebläht: *L. carneolicus*, *L. reginae*
   Stielschuppe tief gekerbt: *L. bicornis*
   Wangen behaart: *L. flavus*, *L. myops*
   Wangen unbehaart: *L. affinis*, *L. mixtus*, *L. rabaudi*, *L. umbratus*

Lasius fuliginosus, Kartonnestameise. Mit 3,5—5,5 mm größte heimische *Lasius*-Art. Pechschwarz glänzend. Scheitel stark eingebuchtet. Mit eigentümlich penetrantem Geruch. Sie baut vielkammerige braunschwarze Kartonnester (Abb. 10) aus Holzmehl, Erde und Speichel in morschen Bäumen oder anderen Hohlräumen. Symbiose mit dem Pilz *Cladosporium myrmecophilus*, der sich auf der zuckerreichen Nährschicht an den Wänden ansiedelt und diese mit seinem Fadengeflecht verstärkt. Eifrige Blattlausbesucher mit ausgeprägten Straßen. Staatsgründung unselbständig durch Inbesitznahme einer *Lasius-carneolicus*-Kolonie. Aus dem gemischten Staat wird durch Aussterben von *L. carneolicus* allmählich ein reiner *L. fuliginosus*-Staat (temporärer Sozialparasitismus). Die gelben Hilfsameisen begleiten ihre schwarzen „Herrinnen" auf der Jagd und beim Blattlausbesuch.

Lasius niger, Schwarzbraune Wegameise (Abb. 41 B). 2,5—5 mm. Unsere wohl häufigste Ameisenart, mit großer Anpassungsfähigkeit an verschiedene Lebensräume. Nester meist in der Erde, oft mit oberirdischem, von Pflanzenstengeln gestütztem Kuppelbau (Abb. 6). Baut auch mit verkrusteter Erde übertunnelte Straßen. Meist sehr volkreich, Hochzeitsschwärme entsprechend groß. Nur eine Königin, die ihren Staat selbständig gründet.

Lasius flavus, Gelbe Wiesenameise. Mit 1,7—3,9 mm die kleinste der gelben *Lasius*-Arten. Sie bevorzugt etwas feuchtere Böden, in denen sie völlig unterirdisch in Symbiose mit Wurzelläusen lebt. Daher besitzen die von Pflanzen bewachsenen Erdkuppeln keine Öffnungen. In der Regel mit nur einer Königin.

Formica, Waldameisen, 25 Arten

Große Schuppenameisen (bis 8 mm, Königin bis 12 mm), deren meiste Arten in Wäldern leben. Trotz ihrer Größe ist die Mehrzahl nicht zu eigener Staatsbildung imstande, sondern bedient sich dabei einer Hilfsameisenart aus der Untergattung *Serviformica*.

4 Untergattungen (Abb. 42)

Kopf, Brust und Beine blutrot, Hinterleib schwarz: Untergattung *Raptiformica*. 1 Art: *F. sanguinea*

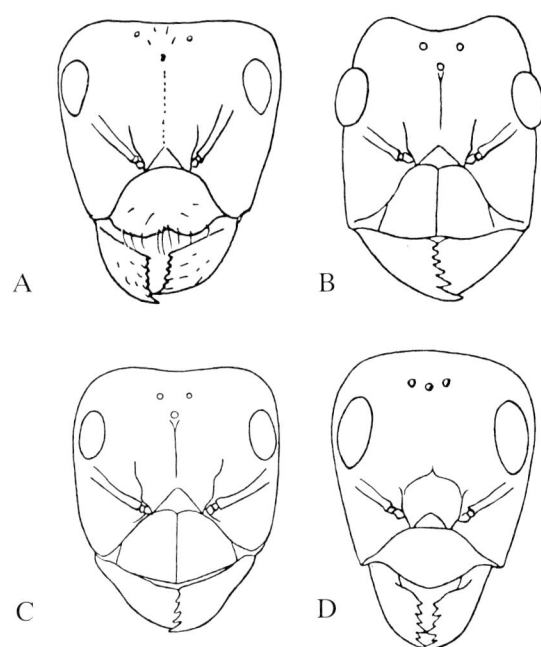

Abb. 42 Köpfe je einer Arbeiterin der 4 *Formica*-Untergattungen: A *F. (Raptoformica) sanguinea*, B *F. (Coptoformica) exsecta*, C *F. (Formica) polyctena*, D *F. (Serviformica) fusca*

Einzige Puppenräuberin der Gattung. Durch ihre auffallende Lebensweise und Färbung von allen anderen Arten abstechend.

Kopf oben eingebuchtet: Untergattung *Coptoformica*. 7 Arten: *F. bruni, F. exsecta, F. foreli, F. forsslundi, F. goesswaldi, F. naefi, F. pressilabris*.
Die Arten leben mehr in sonnigen Biotopen: Wiesen, Weg- und Waldränder, lichte Nadelwälder und ähnliches. Sie überwölben

ihre Erdnester mit meist flachen Haufen aus unterschiedlichem Material. Staatengründung durch Zweignestbildung oder sozialparasitisch mit Hilfe von *Serviformica*-Arten

Färbung rot u. schwarz, Kopf breit: Untergattung *Formica*. 7 Arten: *F. aquilonia, F. lugubris, F. polyctena, f. pratensis* (= *nigricans*), *F. rufa, F. truncorum, F. uralensis.*
Waldameisen im engeren Sinne. Mit meist sehr volkreichen Staaten in Erdnestern, die von großen Haufen aus Pflanzenmaterial überwölbt sind. Für die beiden häufigsten Arten *F. rufa* und *F. polyctena* hat sich der Name „Rote Waldameisen" eingebürgert. Beide unterscheiden sich von den anderen 5 Arten vor allem durch unbehaarte Augen.

Färbung braun bis schwarz, durch dichte weißliche Behaarung silbergrau erscheinend, Kopf schmal: Untergattung *Serviformica*. 10 Arten: *F. cinerea, F. cinereorufibarbis, F. cunicularia, F. fusca, F. gagates, F. lefrancoisi, F. lemani, F. picea, F. rufibarbis, F. selysi.*
Nester selten mit Überwölbung, meist unter Steinen, in Holz oder Moos. Die Arten dieser Untergattung gründen als einzige ihre Staaten selbständig und dienen daher anderen *Formica*-Arten als Hilfsameisen (Name).

Formica (Raptiformica) sanguinea, Blutrote Raubameise. 6–9 mm. Vorderkörper blutrot, Hinterleib schwarz. Mundfeld vorn eingekerbt (Abb. 42 A). Nester meist an Waldrändern mit unregelmäßigen flachen Haufen, seltener unter Steinen. Starke *sanguinea*-Völker leben oft ohne Sklavinnen. Je kleiner das Volk ist, desto mehr Sklavinnen hält es. Das Maximalverhältnis beträgt etwa 1:1. Als Sklavenameise dient *F. fusca*, deren Puppen mehrmals im Jahr von *F. sanguinea* geraubt werden. Bezüglich der Staatsgründung ist *F. sanguinea* einmalig vielseitig, denn die junge Königin kann a) sich von einem artgleichen Volk adoptieren lassen und dann ein Zweignest bilden, b) sich von einem *fusca*-Volk adoptieren lassen und dann dessen Königin umbringen, c) sich bei einer fremden staatsgründenden Königin anhängen (Allianz), d) mit Hilfe einiger geraubter *fusca*-Puppen einen Staat gründen, e) nach einem Puppenraubzug im vernichteten *fusca*-Nest zurückbleiben und dort mit einigen noch lebenden *fusca*-

Puppen einen Staat gründen. *F. sanguinea* ist die einzige unserer Ameisenarten, die zwei getrennte Nester baut und sie abwechselnd bewohnt: ein Sommernest am Waldrand und ein Winternest im Waldinneren. Zu erwähnen ist auch die starke Bindung von *F. sanguinea* an den Büschelkäfer *Lomechusa strumosa*, der ihr eine „Droge" liefert und dafür Ameisenbrut frißt.

Formica (Coptoformica) exsecta, Buchtenkopf-Waldameise (Abb. 42 B). Mit 5–7 mm größte Art der Untergattung und daher auch „Große *Coptoformica*" genannt. Die Einbuchtung ihres Scheitels ist stärker als bei den anderen Arten der Untergattung, von denen sie sich auch durch die unbehaarten Augen unterscheidet. Sie lebt an Waldrändern oder auf Waldlichtungen in sehr volkreichen Staaten mit Zweignestern. Ihre Kuppelbauten sind flacher als bei den Roten Waldameisen und bestehen aus feinerem, mit Erde untermischtem Material.

Formica (Formica) rufa und *F. polyctena*, Große und Kleine Rote Waldameise. Der Größenunterschied (5–9 bzw. 4–8 mm) drückt sich nur im Mittelwert aus zahlreichen Messungen aus. Einen sicheren Unterschied bildet die Behaarung der Silhouette des vorderen Rückens von großen Arbeiterinnen, die bei *rufa* aus zahlreichen, bei *polyctena* aus höchstens 4 Härchen besteht („Kahlrückige Rote Waldameise"). Beide haben im Gegensatz zu den anderen Arten der Untergattung unbehaarte Augen. Auffälliger als im Körperbau sind Unterschiede in der Lebensweise beider Arten. *F. rufa* ist überwiegend monogyn (1 Königin) mit einem Einzelnest und gründet ihren Staat durch Eindringen der Jungkönigin in eine *Serviformica*-Kolonie, deren Königin sie tötet. *F. polyctena* (Abb. 42 C) dagegen ist stets polygyn (oft mehrere tausend Königinnen), besitzt mehrere bis viele Zweignester und gründet ihren Staat durch Adoption von Jungköniginnen der eigenen Art und Zweignestbildung. Über die ansonsten weitgehend gleiche Lebensweise beider Arten enthalten die vorhergehenden Kapitel viele Einzelheiten.

Formica (Serviformica) fusca, Furchtsame Hilfswaldameise (Abb. 42 D). 4,5–7,5 mm. Häufigste Art der Untergattung. Sie bewohnt meist Erdnester unter Steinen oder flachen Streuhaufen. Kennzeichnend ist ihr Nestbau: Von einer bis 1 m senkrechten Röhre zweigen, ähnlich einem Bergwerk, waagerechte Stollen ab. Ihre Staaten sind relativ volksarm. Die *fusca*-Arbeiterinnen zeigen ein furchtsames Verhalten und werden daher von anderen *Formica*-Arten, vor allem *F. rufa*, vorzugsweise als Hilfsvolk bei der Staatengründung verwendet. Eifrige Blattlausbesucherin, die zwischen Nest und Blattlausherde eine Duftspur legt.

UNTERFAMILIE MYRMICINAE, KNOTENAMEISEN

Mit wenigen Ausnahmen kleine Ameisen bis 5 mm Länge, deren Stiel aus zwei knotenförmigen Gliedern besteht (Abb. 2 D). Der Rückenabsturz (zum Stiel abfallender Rückenteil) ist bei den meisten Arten mit 2 Spitzen besetzt. Die Mehrzahl der Arten besitzt ein Schrill-(Stridulations-)organ zur Erzeugung von Schallwellen. Die Überwinterung erfolgt, anders als bei den Schuppenameisen, in der Regel mit einem Teil der Larven. Die Knotenameisen bilden die weitaus vielgestaltigste Unterfamilie, die in Mitteleuropa durch 19 Gattungen vertreten ist.

Arbeiterinnen-Kaste fehlt
  Hinterleib des Weibchens ballonförmig . . . . *Anergates*
  Hinterleib des Weibchens tellerartig . . . . *Teleutomyrmex*
  Hinterleib des Weibchens normal
    2. Stielglied unten mit Dorn . . . . *Doronomyrmex*
    2. Stielglied unten mit lappenförmigem Fortsatz . . . . . . *Sifolinia*
    2. Stielglied unten ohne Fortsatz . . . . *Leptothorax* (z.T.)
Arbeiterinnen-Kaste vorhanden
  Mandibeln innen glatt
    Mandibeln schmal und spitz (Abb. 43 A) . . . . . *Strongylognathus*
    Mandibeln breit (Abb. 43 B) . . . . *Harpagoxenus*
  Mandibeln innen gezähnt
    Rückenabsturz ohne Spitzen
      Fühler ohne Keule (Abb. 44 A) . . . . *Messor*
      Fühler mit 2gliedriger Keule (Abb. 44 B) . . . . *Solenopsis*
      Fühler mit 3gliedriger Keule . . . . *Monomorium*
      Fühler mit 5gliedriger Keule (Abb. 44 C) . . . . *Manica*

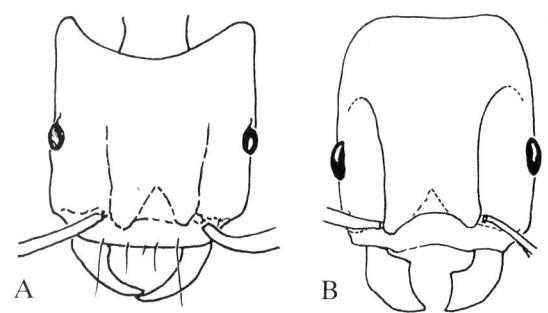

Abb. 43   Kopf von A *Strongylognathus* und B *Harpagoxenus* (Mandibeln!)

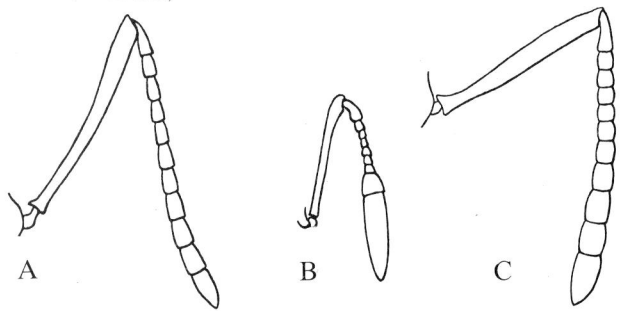

Abb. 44   Fühler von A *Messor*, B *Solenopsis* und C *Manica*

Rückenabsturz mit 2 Spitzen
  2. Stielglied oben am Hinterleib sitzend ...... *Cremastogaster*
  2. Stielglied in der Mitte des Hinterleibes sitzend
  Schultern von oben eckig
    1. Stielglied von oben rechteckig .... *Myrmecina*
    1. Stielglied von oben kugelig .... *Tetramorium*
  Schultern gerundet
    2. Stielglied unten mit Dorn .... *Formicoxenus*

    2. Stielglied unten mit Dorn . . . . *Formicoxenus*
    2. Stielglied unten ohne Dorn
       Fühlerkeule undeutlich . . . . *Aphaenogaster*
       Fühlerkeule deutlich
          Mittel- und Hinterschiene mit dickem, lang gezähnten Endsporn . . . . *Myrmica*
          Mittel- und Hinterschiene höchstens mit dünnem, kurz gezähnten Endsporn
             1. Stielglied unten mit lappenförmigem Fortsatz . *Epimyrma*
             1. Stielglied unten mit kleiner Spitze . . . *Leptothorax* (z.T.)
             1. Stielglied unten ohne Fortsatz . . . . *Stenamma*

Anergates, 1 Art

Anergates atratulus, Dickbauchameise. Ohne Arbeiterinnen. 2,5–3 mm. Weibchen schwarz mit hellen Gliedmaßen, Männchen gelblich. Die ungeflügelten Männchen paaren sich bereits im Mutternest mit ihren geflügelten Schwestern. Nachdem das junge *Anergates*-Weibchen eine königinlose *Tetramorium*-Kolonie gefunden hat und von dieser adoptiert wurde, schwillt sein Hinterleib stark an (Name, Abb. 25). Seine nur aus Geschlechtstieren bestehende Brut wird von den Wirtsameisen aufgezogen. Dauernder Sozialparasitismus vom Ersatzparasiten-Typ.

Teleutomyrmex, 1 Art

Teleutomyrmex schneideri, Reitameise. Ohne Arbeiterinnen. 2–2,5 mm. Weibchen dunkelbraun, Männchen gelbweiß. Die Weibchen lassen sich von *Tetramorium*-Kolonien adoptieren und reiten auf dem Rücken ihrer Wirtsameisen, wobei sie sich mit Haftblasen an den Füßen festsaugen und ihren platten Hinterleib auf ihr „Reittier" pressen (Abb. 26). In dieser Stellung lassen sie sich von den Hilfsameisen füttern. Dauernder Sozialparasitismus vom Bettelparasiten-Typ.

Doronomyrmex, 1 Art

Doronomyrmex pacis, Friedensameise. Ohne Arbeiterinnen. 2,5–4 mm. In den Schweizer Alpen zur Zeit des Kriegsendes 1945 entdeckt, daher ihr Name. Die Weibchen lassen sich von *Leptothorax*-Kolonien adoptieren, denen sie körperlich auch sehr ähnlich. Dauernder Sozialparasitismus vom Bettelparasiten-Typ.

Sifolinia, 1 Art

Sifolinia winterae, Winters Knotenameise. Ohne Arbeiterinnen. 4,5 mm. Sie lebt als Dauer-Sozialparasit (Bettelparasiten-Typ) in Nestern von *Myrmica ruginodis*. Noch sehr wenig bekannt.

Stronglognathus, Säbelameisen, 3 Arten

Strongylognathus alpinum (Abb. 47 A) und *S. huberi*, Raub-Säbelameisen. 2,8–3,4 mm. Erste gelbbraun, letzte rotbraun. Zwei alpine Arten, die nachts in *Tetramorium*-Nester eindringen und das ganze Volk – außer den Geschlechtstieren, welche getötet werden – als Sklavinnen in ihr Nest schleppen.

Strongylognathus testaceus, Parasit-Säbelameise. 2,5–3 mm. Gelblich gefärbt. Im Gegensatz zu den beiden vorigen mit tief ausgeschnittenem Hinterkopf. Sie raubt keine Sklaven, sondern lebt mit einem *Tetramorium*-Volk, dessen Königin sie am Leben läßt, zusammen. Dauer-Sozialparasitismus des Bettelameisen-Typs.

Abb. 45 *Harpagoxenus sublaevis*, von der Seite (Borsten eingezeichnet) und von oben (nach KUTTER)

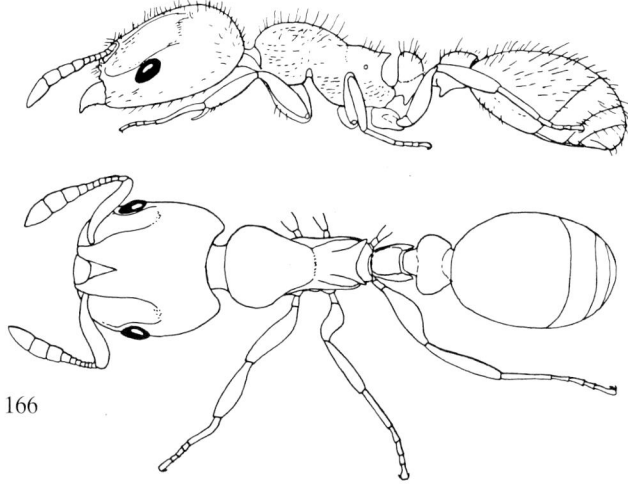

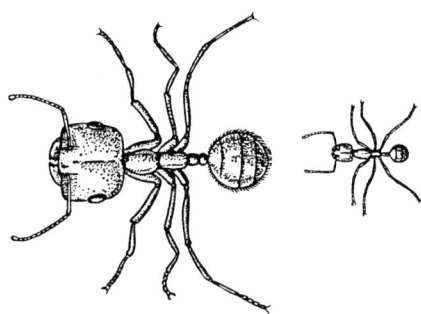

Abb. 46 Große (Soldatin)
und kleine Arbeiterin von *Messor barbarus*

Harpagoxenus, 1 Art

Harpagoxenus sublaevis, Braune Raubknotenameise (Abb. 45). 4–5 mm. Vorderkörper hellbraun, Hinterleib dunkelbraun. Mandibeln mit breitem glatten Innenrand. Sie ist zu eigener Ernährung unfähig und muß sich von Sklavinnen füttern lassen. Regelmäßige Raubzüge zur Sklavenbeschaffung aus *Leptothorax*-Kolonien. Sklavinnen durch ihre geringe Größe in der gemischten Kolonie leicht kenntlich.

Messor, 1 Art

Messor barbarus, Ernteameise. 3,5–9 (!) mm. Rot- bis dunkelbraun. Kleinste Arbeiterinnen mit normalem, größte mit unverhältnismäßig großem Kopf (Soldatinnen) (Abb. 46), beide Formen durch Übergänge verbunden. *Messor* ist die Ernteameise der Bibel, über den ganzen Mittelmeerraum verbreitet, nach Norden bis in einige Wärmegebiete Mitteleuropas vordringend. In ihren oft sehr tiefen Erdnestern stapelt sie Pflanzensamen, deren Keimung sie durch ein Sekret (Myrmiacin) verhindert. Aus den Samen stellt sie, je nach Bedarf, „Ameisenbrot" her.

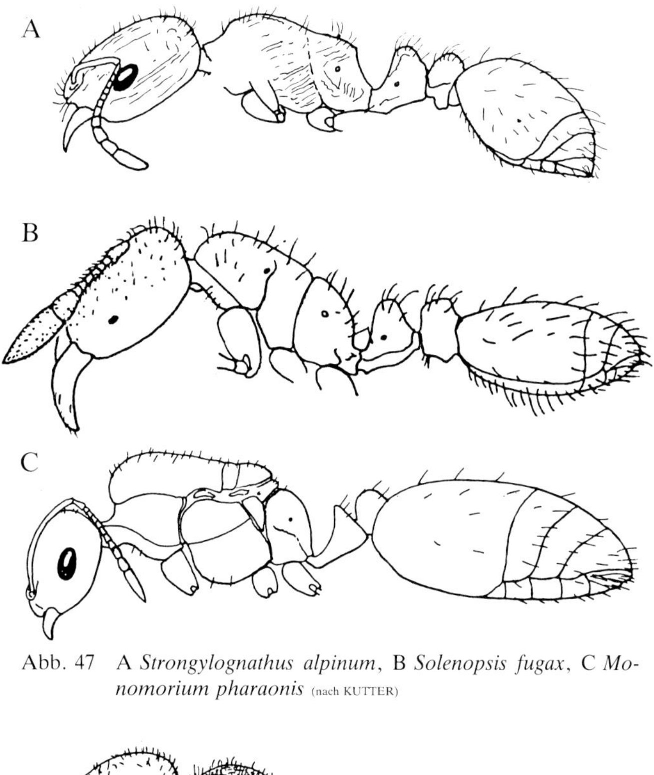

Abb. 47   A *Strongylognathus alpinum*, B *Solenopsis fugax*, C *Monomorium pharaonis* (nach KUTTER)

Abb. 48   *Manica rubida* (nach KUTTER)

Solenopsis, 1 Art

Solenopsis fugax, Innennest-Raubameise (Abb. 47 B). 1,5−2,4 mm. Gelblich. Sie bewohnt Nester größerer Ameisen, auch der Roten Waldameisen, in meist großer Volksstärke. Ihre schmalen Gänge verlaufen zwischen den breiten der Wirtsameise, deren Brut sie frißt. Der in der Literatur zu findende Name „Diebsameise" ist für diesen gefährlichen Räuber nicht geeignet.

Monomorium, 1 Art.

Monomorium pharaonis, Pharao-Ameise (Abb. 47 C). 1,7−2 mm. Rotgelb mit dunklerem Körperende. Die berüchtigte Hausameise in den Städten, wo sie als wärmebedürftige Art (Heimat: Indien; frühere Annahme: Ägypten, daher ihr Name) in geheizten Räumen, vor allem in Kliniken, Bäckereien und Hotels von organischen Substanzen aller Art lebt. Nester versteckt in Mauerritzen mit großen Völkern und vielen Königinnen. Überträger von Krankheitskeimen.

Manica, 1 Art

Manica (früher: *Myrmica*) *rubida*, Gefährliche Knotenameise (Abb. 48). Mit 5,5−8,5 mm auffallend groß. Gelb- bis braunrot. Wegen ihres schmerzhaften Stiches wohl die gefürchtetste einheimische Ameise. Im Gebirge häufiger als in der Ebene. Nest meist unter Steinen, aber auch frei in der Erde mit einem Kraterwall um das Eingangsloch. Bei München nahm eine Riesenkolonie mit vielen Krateröffnungen eine Fläche von mehr als 100 qm ein.

Cremastogaster, 1 Art

Cremastogaster scutellaris, Kippleibameise. 3,5−5 mm. Schwarz mit rotem Kopf und braunen Beinen und Fühlern. Ihr Hinterleib sitzt weit oben am Stielglied und kann dachähnlich über Brust und Kopf gekippt werden (Abb. 49). In dieser Stellung sticht sie auch nach vorn. Nest meist in morschen Ästen und Balken, deren Holzmehl sie zum Teil zu Kartonwänden verfestigt. Eifrige Blattlauszüchterin mit ausgeprägten Straßen, auf denen sie mit Fußdrüsen Duftspuren legt. Nur in einigen warmen Gebieten Mitteleuropas.

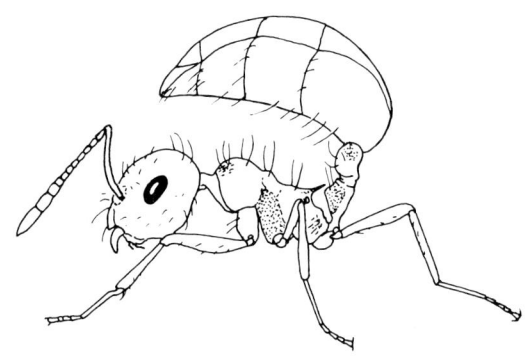

Abb. 49 *Cremastogaster scutellaris*, mit hochgekipptem Hinterleib
(nach KUTTER)

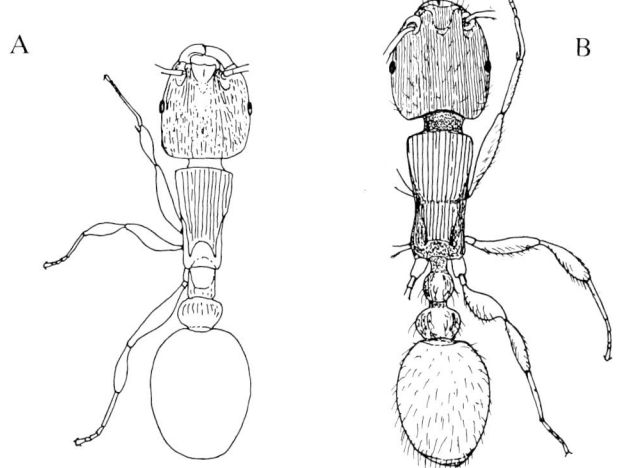

Abb. 50 A *Myrmecina graminicola*,
B *Tetramorium caespitum* (nach KUTTER)

Myrmecina, 1 Art

Myrmecina graminicola, Furchtsame Knotenameise (Abb. 50 A). 2,9–3,3 mm. Schwarzbraun mit rötlichem Körperende. Vorderkörper auffallend längsgerieft. Hinterleib glatt und glänzend. Mit schwachen Völkern in kleinen Erdnestern von nur etwa 5 cm Durchmesser. Ihre Lebensweise ist verborgen, ihre Bewegungen sind relativ langsam. Bei Störungen stellen sie sich tot. Eigentümlich ist ihnen ein schwacher Himbeergeruch.

Tetramorium, 1 Art

Tetramorium caespitum, Rasenameise. 2,5–3,5 mm (Abb. 50 B). Schwarzbraun mit helleren Beinen. Kopf mit scharfen Längsrillen. Neben *Lasius niger* unsere häufigste Ameise, bevorzugt an sonnigen Standorten. Erdnester, häufig mit Erdkuppeln überwölbt. Dringt auch in Häuser ein und baut darin zuweilen ihr Nest. Dient mehreren anderen Ameisenarten als Hilfsameise.

Formicoxenus, 1 Art

Formicoxenus nitidulus, Gastameise. 2,5–3 mm (Abb. 51). Rotgelb bis braun, Hinterleib dunkler. Körper glatt und glänzend. Lebt in kleinen Kolonien in den äußeren Nestbezirken der Streuhügel von Waldameisen. Das Nest hat die Form eines Näpfchens und besteht aus feinerem Material als der umgebende Hügel. Sie schaltet sich in den Nahrungsfluß der Wirtsameise ein („Mitesser").

Abb. 51 *Formicoxenus nitidulus* (nach KUTTER)

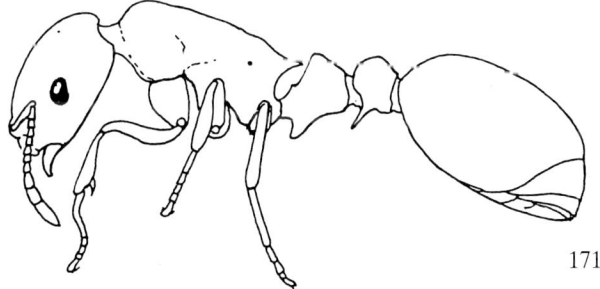

Aphaenogaster, 1 Art

Aphaenogaster subterraneus, Unterirdische Knotenameise. 3–5 mm. Heller und dunkler braun. Südeuropäische Art, die bis in Wärmegebiete Mitteleuropas vordringt. Nester meist tief unter Steinen. Unterirdisch lebend, noch wenig bekannt.

Myrmica, Gemeine Knotenameisen, 12 Arten

3,5–5,3 mm große rotgelb bis rotbraun gefärbte Arten, darunter unsere roten stechenden Gartenameisen. Nach Merkmalen des Fühlerschaftes lassen sich 2 Gruppen unterscheiden:
Fühlerschaft an der Basis gebogen, ohne Chitinleisten: *M. bibikoffi*, *M. laevinodis*, *M. ruginodis*, *M. rugulosa*, *M. sulcinodis*.
Fühlerschaft an der Basis geknickt, mit Chitinleisten: *M. lobicornis*, *M. rugulosoides*, *M. sabuleti*, *M. scrabrinodis*, *M. schencki*, *M. specioides*, *M. vandeli*.

Myrmica laevinodis, Kurzdornige Rote Gartenameise (Abb. 52 A). 4–5 mm. Heller und dunkler rot. Rückenabsturz mit 2 kurzen Dornen. In der Ebene und im Gebirge weit verbreitet und häufig. In oft sehr großen Kolonien, mit vielen Königinnen. Nester in der Erde, in morschem Holz oder unter Rinde, wobei sie etwas feuchtere Standorte bevorzugt. Eifrige Blattlausbesucherin.

Myrmica ruginodis, Langdornige Rote Gartenameise (Abb. 52 B). 4,5–5,5 mm. Heller und dunkler rot. Rückenabsturz mit 2 auffallend langen Dornen. Verbreitung und Häufigkeit wie *laevinodis*, aber mehr auf trockeneren Standorten. Sehr vielseitig im Nestbau, z. B. in einem hohlen Knochen gefunden. Königinnen-Zahl geringer als bei voriger Art.

Myrmica lobicornis, Braune Bergknotenameise. 3,5–5 mm. Kopf und Hinterleib dunkelbraun, Brust rotbraun. Mit breitem lappenartigem Fortsatz am Grunde des Fühlerschaftes. Färbung und Fühlermerkmale sehr variabel, daher zahlreiche Unterarten beschrieben. Bevorzugt im Gebirge, in den Alpen bis 2 700 m. Kleine Völker in Erdnestern, meist unter Steinen.

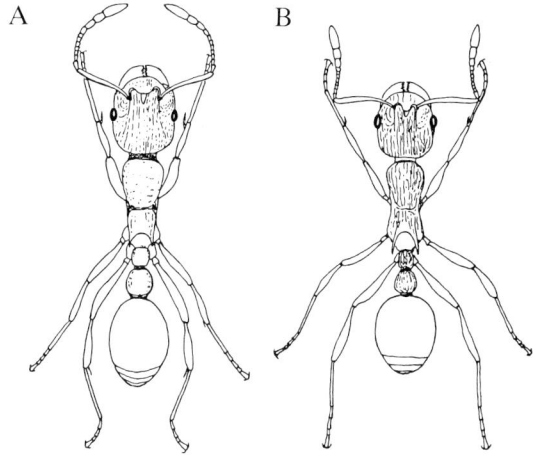

Abb. 52   A *Myrmica laevinodis*, B *M. ruginodis* (nach KUTTER)

Epimyrma, Lappenameisen, 2 Arten

Auffällig ist der lappenartige Fortsatz an der Unterseite ihres 1. Stielglieds.

Epimyrma stumperi, Kehlbiß-Lappenameise. 2–2,4 mm. Gelb bis gelbbraun. Mandibeln vorn schmal, mit höchstens 3 Zähnen. Kopf ohne Längsrillen. Alpin. Die junge Königin dringt in ein Nest von *Leptothorax tuberum* ein und tötet deren Königin durch Kehlbiß. Gemischte Kolonien bis zum Aussterben von *Leptothorax*.

Epimyrma goesswaldi, Nackenbiß-Lappenameise. 2–2,3 mm. Gelb bis gelbbraun. Mandibeln vorn breit, mit 4 bis 5 Zähnen. Kopf mit Längsrillen. In der Ebene und im Gebirge. Die junge Königin dringt in ein Nest von *Leptothorax unifasciatus* ein und tötet deren Königin durch Nackenbiß. Gemischte Kolonien bis zum Aussterben von *Leptothorax*.

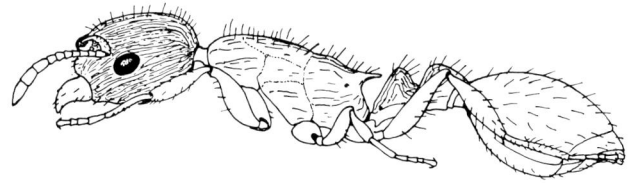

Abb. 53 *Leptothorax acervorum* (nach KUTTER)

Leptothorax, Schmalbrustameisen, 15 Arten

Eine der artenreichsten Ameisengattungen Mitteleuropas. 13 selbständige und 2 parasitische, arbeiterinnenlose Arten. Kennzeichnend ist die schmale, parallelseitige Brust (Abb. 53). Die Arten leben in kleinen Kolonien unter Rinde, in hohlen Zweigen, Gallen und in vielen anderen Verstecken, meist monogyn, zeitweise auch polygyn. Sie bilden die Stammformen mehrerer abgewandelter Gattungen, die als Meuchelparasiten (*Epimyrma*), Bettelparasiten (*Doronomyrmex*), Sklavenräuber (*Harpagoxenus*) oder Gastameisen (*Formicoxenus*) sich anderer Ameisen, meist aus der Gattung *Leptothorax*, als Hilfsameisen bedienen.

Ohne Arbeiterinnen:
 L. goesswaldi, L. kutteri

Mit Arbeiterinnen:
 Fühler 11gliedrig: *L. acervorum, L. gredleri, L. muscorum*
 Fühler 12gliedrig: *L. affinis, L. corticalis, L. interruptus, L. nadigi, L. nigriceps, L. nylanderi, L. parvulus, L. racovitzai, L. tuberum, L. unifasciatus.*

Leptothorax goesswaldi und *L. kutteri*, Große und Kleine Parasit-Schmalbrustameise. Ohne Arbeiterinnen. Weibchen der ersten Art 3,7 mm, der zweiten 3–3,5 mm. In Gestalt und Färbung *L. acervorum* sehr ähnlich. Bettelparasiten in *L. acervorum*-Kolonien. Selten.

Leptothorax acervorum, Borstige Schmalbrustameise (Abb. 53). 3–4 mm. Gelb- bis braunrot, Kopf und Hinterleib dunkler. Von den übrigen Arten der Gruppe abweichend durch die vielen langen, borstig abstehenden Haare an allen Körperteilen, vor allem am Fühlerschaft und an den Beinen. Weit verbreitet und häufig. Nester sehr vielseitig, meist in Holz oder unter Steinen.

Leptothorax nylanderi, Gebänderte Schmalbrustameise. 2,3–3 mm. Gelblich mit braunem Kopf und braungebändertem Hinterleib. Häufiger in warmen Gebieten. Nester ausschließlich in Stengeln, Zweigen und unter Rinde.

Stenamma, 1 Art

Stenamma westwoodi, Kleinäugige Knotenameise. 3,3–3,5 mm. Heller und dunkler braun. Hinterleib glatt und glänzend. Augen auffallend klein. Schwache Völker in Erdnestern, vorzugsweise in lichten Wäldern. Lebensweise unterirdisch. Noch wenig bekannt. Offenbar rein räuberisch.

Deutschsprachige Bücher über Ameisen oder mit Kapiteln über Ameisen (seit 1934)

DUMPERT, K.: Das Sozialleben der Ameisen. Pareys Studientexte 18. Paul Parey: Berlin und Hamburg 1978.

GÖSSWALD, K.: Unsere Ameisen. Kosmos: Stuttgart 1954.

GOETSCH, W.: Die Staaten der Ameisen. 2. Aufl. Springer: Berlin, Heidelberg, New York 1953.

KÖNIGSMANN, E.: Ameisen. In: Urania Tierreich Bd. 3. Urania: Leipzig, Jena, Berlin 1978.

KUTTER, H.: Ameisen (Formicidae). Fauna Helvetica Bd. 6. Heraug.: Schweizerische Entomologische Gesellschaft, Zürich 1977.

LARSON, P. P. und LARSON, M. W.: Insektenstaaten.
Paul Parey: Berlin und Hamburg 1968.

MAIDL, F.: Die Lebensgewohnheiten und Instinkte staatenbildender Insekten. Wagner: Wien 1934.

MARKL, H.: Ameisen und Bienen. In: Grzimeks Tierleben Bd. 2. Deutscher Taschenbuch-Verlag, München 1979.

OTTO D.: Die Roten Waldameisen. Die Neue Brehm-Bücherei Heft 293. Ziemsen: Wittenberg 1962.

SCHEERPELTZ, O.: Ameisen. Die Neue Brehm-Bücherei Heft 32. Ziemsen: Wittenberg 1951.

SCHMID, R.: Wunderwelt der Ameisen. Hallwag-Taschenbücher Nr. 26. Hallwag: Bern 1980.

SCHMIDT, G. H. (Heraug.): Sozialparasitismus bei Insekten. Probleme der Kastenbildung im Tierreich. Wissenschaftl. Verlags-Ges., Stuttgart 1974.

STITZ, H.: Ameisen oder Formicidae. In: F. Dahl (Heraug.): Tierwelt Deutschlands Teil 37. Fischer: Jena 1939.

WASMANN, E.: Die Ameisen, die Termiten und ihre Gäste.
G. J. Mans: Regensburg 1934.